法を学ぶ人のための
文章作法

Writing Strategies for Those Studying Law

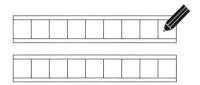

井田　　良
佐渡島紗織
山野目章夫

第 2 版

有斐閣

contents
目 次

INTRODUCTION ■ 本書〔第2版〕の取扱説明書 …………………… 1

PART I 文章というものを考える　7

1 はじめに …………………………………………………… 8
● 「まことのことば」はどこに？

2 法律家はどういう文章を書くべきか ………………… 12
● 法律家の文章に求められるもの ●
1　普通とは違った文章が求められる　12
2　なぜそうでなければならないか　13
3　法と言葉の関係を考える　14
4　法的文章に求められるもの　16

3 正確性，平易性，論理性 ……………………………… 19
● すぐれた法的文章の形式的条件 ●
1　文章の正確性　19
2　事実関係の理解と伝達　20
3　事実問題（事実認定）と法律問題（法解釈）　22
4　事実と価値──2つの異なった世界　23
5　文章の平易性と論理性　24
6　事実を伝える文章の論理的構造　26
7　「法的論証」の論理性　28
8　ここまでのまとめ　35

4 法的判断の合理性・正当性 …………………………… 36
● すぐれた法的文章の実質的条件 ●

- 1 法的評価・価値判断が説得力をもつためには　36
- 2 出発点としての現行法規　39
- 3 判例の重要性　40
- 4 学説との付き合い方　43
- 5 結論の具体的妥当性と一般化可能性　45
- 6 ここまでのまとめ　46

5 答案やレポートを書くにあたって …………………… 47
● より実践的なアドバイス ●

- 1 汎用性ある知識と思考力を身に付ける　47
- 2 論点の重要さ　48
- 3 論点の比重 ── 出題者との対話　49
- 4 なぜ論点が重視されるか　51
- 5 事実関係の把握と法の解釈の相互関係　52
- 6 検討の順序に留意すること　54
- 7 PART Ⅰを終えるにあたって　55

PART Ⅱ
明確な文章を書く　57

1 基礎体力を付ける ……………………………………… 58
● 日頃からの準備 ●

- 1 紙とペンで書く基礎体力　58
- 2 読み手意識を鍛える　61

2 文章技術を身に付ける ………………………………… 65
● 文，語句，段落，全体 ●

| 言葉と思考 | 65 |

| 文章の産出 | 67 |

1 文を整える　69

| 1つの事柄を1つの文で述べる | 69 |

- **1** 主語を明確に示す（71）
- **2** 長い修飾を独立させる（74）
- **3** 引用を独立させる（75）
- **4** 文を単位として修正する（77）
- **5** 係り受けに留意する（78）
- **6** 「てにをは」を的確に使う（79）
- **7** 接続表現で文をつなげる（80）
- **8** 端的に書く（86）

2 語句を整える　87

| 語の意味範囲を自覚する | 87 |

| 語のカテゴリーを自覚する | 89 |

| 語の抽象度を自覚する | 91 |

- **1** 概念を一貫して使う（92）
- **2** 指示代名詞を置き換える（93）
- **3** 「こと」「もの」を特定する（95）
- **4** 「の」を特定する（96）
- **5** 「を」「に」「は」と，「について」を区別する（97）

3 段落を整える　98

- **1** パラグラフ・ライティング（100）
- **2** パワー・ライティング（105）
- **3** 段落を作る（108）

4 全体を整える　112

- **1** 問いと答えの呼応（112）
- **2** 数え上げ（114）

　　　　　　3　序論・本論・結論という構成（116）

3　文章作成スタイルをもつ……………………………………… 119
　● 計画と点検
　1　文章作成前の計画　　*119*
　2　文章作成後の点検　　*122*

PART Ⅱ　練習問題 ● 解答（例）………………………………… 125

PART Ⅲ
さあ，書いてみよう　　*135*

1　まずは書き切る ── 次に工夫をする　　*136*
　　1　まずは書き切る（138）
　　2　次に工夫をする（139）
2　小分けをして考える ── 書く前に考える，そして問題を発見する　　*146*
3　組立てを考えて書く ── 結構という言葉の意味　　*148*
　　1　他人に読んでもらうという前提（148）
　　2　状況の分析という準備作業（149）
　　3　規範の発見（150）
　　4　事実の抽出（152）
　　5　解決の提示（154）
4　段落の用い方 ── むやみに改行しない　　*154*
　　1　思った順番に書く癖（154）
　　2　段落を用いる文章の実践例（157）
　　3　附番について附録の話（164）
5　伝えようとする意志 ── 裁量点を勝ち取る　　*166*
6　根拠を示す ── 法律学というものの覚悟　　*167*

1 まず根拠を示す (167)
2 次に根拠に基づいて自分の意見を示す (168)

7 気負って書く必要はない
—— 新政府の巡査のようになってはいけない　170

8 平易な接続表現の心がけ —— したがって，そこで，しかし　171
1 「とすると」という接続表現 (171)
2 第1の理由 (172)
3 第2の理由 (173)
4 法律を学んできた学生諸君へ (174)
5 初学者の皆さんへ (176)
6 翻訳不能の接続詞 (177)
7 推測される「この点」の背景事情 (179)
8 接続のスキルアップのためのアドバイス (181)

9 長すぎる文の危うさ ——「……は」と「……が」に注意　184
1 どのような危うさか (184)
2 長い文は誤りか (185)
3 「は」について附録の注意を1つ (186)

10 誤字の頻出例 —— 不正確な用字や語法の葬列　187

11 自分のルールを作る —— 本書を読み通した後の皆さんへ　188

EPILOGUE ■ 法律学を教える側からのメッセージ …………… 191
—— 採点者はどういう文章を読みたいか

おわりに ………………………………………………………… 211
索　引 …………………………………………………………… 213

COLUMN 一覧
❶ 言葉の曖昧さ・多義性と文学作品　11
❷ 言語的存在としての法 ——「規範」という言葉　15

❸ 法で用いられる技術的概念の一例　25
❹ 法（法規）の解釈とその基準について　29
❺ 手本としての判決の文章　38
❻ 判例とは何か　41
❼ 学説をあなどってはならない　45
❽ 法律家にとってのケニービーの三角形　68
❾ 法を学ぶ人はバイリンガルであれ　70
❿ 条文はリマインドをしない　111
⓫ レポートの文化と答案の文化　173
⓬ 和をもって貴しとなす　180
⓭ 昔は「けだし」，今は「この点」　183

本書のコピー，スキャン，デジタル化等の無断複製は著作権法上での例外を除き禁じられています。本書を代行業者等の第三者に依頼してスキャンやデジタル化することは，たとえ個人や家庭内での利用でも著作権法違反です。

author's note
● 著者紹介 ●

● **井田　良** ● いだ まこと

INTRODUCTION，PART Ⅰ，EPILOGUE 執筆

1978 年　慶應義塾大学法学部卒業
現　在　中央大学大学院法務研究科教授，慶應義塾大学名誉教授
　　　　専門は刑事法

📚 主要著作

『入門刑法学・総論〔第 2 版〕』『同・各論〔第 2 版〕』（有斐閣・2018）
『講義刑法学・総論〔第 2 版〕』（有斐閣・2018）『同・各論〔第 2 版〕』（2020）
『基礎から学ぶ刑事法〔第 6 版補訂版〕』（有斐閣・2022）

● **佐渡島　紗織** ● さどしま さおり

PART Ⅱ 執筆

1998 年　イリノイ大学大学院卒業
現　在　早稲田大学国際学術院教授
　　　　専門は国語教育

📚 主要著作

『文章チュータリングの理念と実践』（共編・ひつじ書房・2013）
『レポート・論文をさらによくする「書き直し」ガイド』（共編・大修館書店・2015）
『これから研究を書くひとのためのガイドブック〔第 2 版〕』（共著・ひつじ書房・2021）

● **山野目　章夫** ● やまのめ あきお

PART Ⅲ，PART Ⅱ COLUMN ❾・❿・⓫ 執筆

1981 年　東北大学法学部卒業
現　在　早稲田大学法学学術院（大学院法務研究科）教授
　　　　専門は民事法

📚 主要著作

『ひとりで学ぶ民法〔第 2 版〕』（共著・有斐閣・2012）
『不動産登記法概論』（有斐閣・2013）
『民法 総則・物権〔第 8 版〕』（有斐閣・2022）

vii

略語一覧

本文中の，判例・判例集に関する略語は下記のとおりである。

大　判	大審院判決	民　集	大審院，最高裁判所民事判例集
最大判	最高裁判所大法廷判決		
最判（決）	最高裁判所判決（決定）	刑　集	最高裁判所刑事判例集
高　判	高等裁判所判決	判　タ	判例タイムズ
地　判	地方裁判所判決	判　月	刑事裁判月報

INTRODUCTION

本書〔第2版〕の取扱説明書

文章を書くことが苦手な皆さんに

　書名に心惹かれて本書を手に取った皆さんは，法学部か，または法科大学院において法律学を学びつつ，勉強それ自体はおもしろいと感じながらも，文章を書くことには苦手意識をもっているのではないでしょうか。あるいは，法律学の授業で答案やレポートを書こうとして，どう書いてよいかわからないと途方に暮れたり，論述式の試験で良くない点をもらった理由がどうしてもつかめなかったり，という経験をしたのではありませんか。

　そうであるとすれば，この本を手にしたことは正解です。本書はまさにそういう人たちのために書かれた本だからです。

法を学ぶということ

　法は，言葉からできています。言葉の外に法は存在しません。文章を書くことを含めて言葉を自在にあやつることは，法律家の基本的な能力に属することです。法を学ぶとは，法の言葉を学ぶことであり，法律家の文章（これを「法的文章」と呼ぶこともできましょう）を理解し，それを書けるようになることにほかなりません。

　法を学ぶことは，外国語を学ぶことにとてもよく似た面をもっています。「法律行為」とか，「構成要件」とかの重要な用語や概念を頭に入れることは，外国語の単語や熟語を正確に記憶することと同じように必要不可欠です。マックやスタバの片すみでねばって友人と議論したり，ゼミで言い負かしたり言い負かされたりする経験を積まなければ，思うように「会話」ができるようにはな

らないでしょう。そして，英語を本格的に学ぼうとする人が英作文の訓練に励むように，法律学の答案やレポートをきちんと書けるようになるためには，普段から法的文章を書く練習をしなければならないのです。

◀ 文章力とその作法の重要さ ▶

　ただ，外国語の場合とは異なり，ここでは日本語の文章を書く力が問われています。本書の3人の著者のうちの2人（井田と山野目）は，それぞれ法科大学院で法律学を教えています。そこで，学生諸君が書いた文章を読む機会もまた多いのですが，法律学の勉強以前の問題として日本語の文章力とその作法という点で強い疑問を感じる答案やレポートにしばしば出会います。

　ここでは，例を1つだけ挙げましょう。司法試験のような論述式の試験において合格点をとるためには，一定の時間内に（余裕をもって）一定の分量の文章を（判読が容易な程度に丁寧に）書き切るだけの「筆力」が必要です。それは法律学の学習の進度とも無関係ではありませんが，それ以前の基礎的な日本語能力の問題というべきでしょう。そこで，本書のPART Ⅱでは，これを「文章を書く基礎体力」と呼んでいます。そのような基礎体力に欠けている人は，いくら熱心に法律学を学んだとしても，学んだことを答案上に表現するにあたり，大きなハンデを背負っていることになります。

◀ 航海を続けながら船を修理しよう ▶

　理想的には，この種の日本語の能力とその作法は，法律学を学びはじめる以前の段階できちんと身に付けておくべきです。しかし，それを学びそこなった人たちを法学部や法科大学院の授業から「顔を洗って出直してこい」とばかりに追い出すのは酷なことでしょう。しかもそういう人は決して少数派ではなく，みんな追い出すと教室が空になってしまうおそれがあります。

> 🔗 とはいえ，そういう人が，ゼロから文章作法を説く，本多勝一『新版・日本語の作文技術』（朝日新聞出版・2015）や，山本幸司『大学一年生の文章作法』（岩波書店・2014）といった本をじっくり読み直すことは間違いなく有益なことでしょう。

　本書は，そういう人を主たるターゲットにして，法律学を学びつつ，日本語

の文章作法を身に付けることを手助けするための（まさに一石二鳥をねらう）本にほかなりません。法的文章には作法ないし約束事がありますが，それは日本語として要請されるところと，法律学の分野であるからこそ求められるところの両方があります。本書は，その両方を同時に指南しようとする新しいテキストブックです。

よく知られた喩(たと)えをここで借用すれば，皆さんはすでに大海原(おおうなばら)をそれぞれの船で航海中なのです。いま致命的ともなりかねない船の不具合を発見したのですが，これから港のドックに戻って修理している時間はありません。それに，出発した港がどこにあるか，もう遠くてわからないのです。むしろ目標を目指して航海を続けながら，海上にて皆さんの大事な船を修理していこうではありませんか。本書はまさにそのために役立ってもらいたいと思っています。

こういう人にも読んでほしい

他方，法学部や法科大学院で出会う学生の中には，基礎的な文章力と文章作法は身に付けていて，しかも法律学の学習もかなり進んでいる人がいます。私どもとしても，将来，法律家として広く活躍することを大いに期待したい人たちです。でも，なぜかそういう人たちの文章にも，受験予備校の出すマニュアル本の悪い影響かとも想像するのですが，強い違和感を覚えるものがあるのです。本当に惜しいと思います。ちょっとした軌道修正でその文章は見違えるようにブラッシュアップできるはずです。この本は，そういう人たちにも読んでもらいたいと思い，そのためのヒントをたくさん盛り込むことにしました。

本書の構成とその使い方

以上のような欲ばりなねらいをもった本書は，3つの PART からできています。PART Ⅰ「文章というものを考える」は，法科大学院で刑法を教える著者（井田）が，法の世界における言葉と文章についての説明をひととおり行うものです。PART Ⅱと PART Ⅲが各論編ないし実践編であるのに対し，PART Ⅰは，法を学ぶ人は法的文章について最低限これだけのことは知っておいてほしいという気持ちで書いた総論編ないし理論編です。少し抽象的で理解しづらいかもしれません。そう思う人は，PART Ⅱ または PART Ⅲの各論編・実践編のほ

本書〔第2版〕の取扱説明書

うから先に読んでみて下さい。本書のそれぞれのPARTは独立しており，どこから読み始めても完結した情報が得られるようになっています。そればかりか，パソコン関連のTipsを集めた本のように，本の全体をぱらぱら眺めながら，目に入ったところを「つまみ食い」のように読むという使い方もできるでしょう。

　PART II「明確な文章を書く」では，日頃，いろいろな学部の学生のために文章作成の指導を行っている著者（佐渡島）が，答案やレポートにおいて，より明確な文章を書くための方法をまとめて伝授します。日頃からの準備，文章作成の過程で意識するとよい技術，自分の文章作成スタイルをもつための方法の3つに分けて，より良い文章を書くことができるようになるためのノウハウが示されます。たくさんの実例と並んで，演習問題（およびその解答）も付けられていますので，法律学を勉強する手をしばし休めて，じっくりと取り組んでいただきたいと思います。

　PART III「さあ，書いてみよう」では，法科大学院で民法を教える著者（山野目）が，数多くの実例を示しながら，法律学の分野で良い文章を書くための実践的なアドバイスを行っています。法学部や法科大学院で法を学ぶ皆さんには，このPART IIIがもっとも興味深く，また取っつきやすいのではないでしょうか。そこで，PART IIIから入って読み終えたところで，PART IIにもどってより体系的に文章作法を学び，最後にPART Iに「進む」という読み方が，本書の読み方として実はいちばん合理的であるかもしれません。

　そして，最後にEPILOGUEを付けました。これは「全体の総まとめ」というような大げさなものではありません。読者の皆さんが，PART IからPART IIIまでのすべてを（その順序はともかく）読み通したとしましょう。そのときに生じてくる疑問は，それでは法律学の試験やレポートで具体的にどういう文章を書けば良い評価が得られるのか，ということではないでしょうか。そこで，著者の1人（井田）が，法律学を教える側はどういう答案やレポートを読みたいと思っているのかについて，サンプルを示しながら解説することにしました。刑法の分野に限定し，また，PART Iに登場する事例問題を中心に，限られた数の事例を取り上げたものにすぎませんが，これを読むことで，採点者側が期待する文章がどういうものかを知っていただければ幸いです。

以上のような構成をもつ本書は，教壇に立つ者の側から，ひそかに答案やレポートを書く学生諸君に期待することの「種明かし」を行う本でもあります。もちろん，それぞれの先生には独自の教育方針がありますから，教師の間で種明かしのタネがはっきりと一致しているとは限りません。この本の著者3人の間にも，微妙な見解の相違もありそうです。そもそも文化と作法に属することは，はっきりと言葉に出して客観化することが難しいものなのです。本書は，それをあえて言葉にしようとする試みですから，そこには冒険の趣があります。くれぐれもここに書かれていることを「正解」として金科玉条のように扱わないで下さい。迷ったときには自分の頭で考えることです。友だち皆がそうしているから，と流されてはいけません。自分なりの理由を見つけて答えを出し，自信をもってそれを実践すべきなのです。

　著者の3人は，楽しみながら本書を作りました。皆，文章を書くことが大好きだからです。楽しみすぎて，あちこちで脱線もしました。読者の皆さんにも楽しく読んでいただきたいと思います。面倒なところは飛ばし読みで結構です。関心をもったところはくり返し読んで下さい。この本を勉強机で読むだけでなく，外に連れ出しマックやスタバの片すみででも（しつこい！）読んで下さい。そうして皆さんが，文章を書くにあたっての苦手意識を克服し，文章を書くことを大好きになったとしたら，著者3人にとりこれほどうれしいことはありません。

第2版の刊行にあたって

　本書の初版は，2016年12月に刊行されましたが，幸いなことに，読者の皆さんに好意的に迎えていただきました。本書のような本を待ち望んでいた若い方々が多かったのだろうと思います。ただ，この間に私たちのところに寄せられた意見を見ると，本書が読者のニーズに必ずしも十分に応えられていないところがあることもわかりました。そこで，初版刊行後，まだ約3年が経過したにすぎませんが，ここに第2版を出すことといたしました。初版の中にあった難しい記述や説明等は削除したり，より平易なものに置き換えました。PART Ⅱの練習問題も見直しました。その一方で，EPILOGUE の末尾には，法律学の学修のより進んだ読者の今後の指針としていただけるように，法

イントロダクション

の解釈と「あてはめ」に関する，相当に高度な説明を加えることにしました。内容の改善と充実に努めた，この第2版が，法を学ぶ読者の皆さんを側面からサポートできることを心から願っております。

PART I 文章というものを考える

1 はじめに
　●「まことのことば」はどこに？●

2 法律家はどういう文章を書くべきか
　●法律家の文章に求められるもの●

3 正確性，平易性，論理性
　●すぐれた法的文章の形式的条件●

4 法的判断の合理性・正当性
　●すぐれた法的文章の実質的条件●

5 答案やレポートを書くにあたって
　●より実践的なアドバイス●

　PART I では，法律家にとり「良い文章」とはどういう文章かについて種々の角度から述べていきたい。この問いに対し，簡単に一言で答えることはできない。なぜなら，良い文章といえるためにクリアしなければならないハードルがいくつもあるからである。1 と 2 では，法的文章の特殊性について述べた後で，良い法的文章の条件を「形式的条件」と「実質的条件」に分けた。形式的条件とは，文章の正確性，平易性，論理性のことであり，3 で述べる。実質的条件とは，文章に含まれる法的判断の合理性・正当性のことであり，4 で述べる。5 では，それらを踏まえて読者の皆さんのための実践的なアドバイスを行いたい。

1 はじめに

● 「まことのことば」はどこに？

　上手な文章を書く人といえば，私は哲学者の**木田元**を思い出す。亡くなる（2014年8月）直前まで健筆をふるい，私のような，『現象学』（岩波書店・1970）以来の愛読者を長年にわたり楽しませてくれた（また，哲学ばかりでなく，読書につき・人生につき実にさまざまなことを教えてくれた）。その木田の著書に，「言葉」についての次のような文章がある。

　　……日常生活のなかでは，ともすれば言葉はコミュニケーションの手段とみなされる。シンボルとして形成されたはずの言葉が，ただ交換されるだけの記号に堕してしまう。われわれにはじめて〈物〉を経験させ，〈世界〉を開いてくれた言葉の原初的機能，つまり「まことのことば」が失われるのだ。……おそらくはじめて言葉を口にした幼児や，はじめて自分の気持に気づいた恋する者などのもとでは生きて働いているにちがいないそうした「まことのことば」を蘇らせようとするのが詩人であり，日常言語の根底に言葉のそうした原初的機能を探ろうとするのが哲学者だということになりはしないか。(木田元『哲学の横町』〔晶文社・2004〕34頁)

　私に詩や哲学のことはわからないが，ここでいわれていることには強く共感できる気がする。言葉や文章は，単に実用的なコミュニケーションの手段にすぎないものではない。心を揺り動かす強く深い感情とか，神ならぬ人間にはどうすることもできない無力感とか，これまで言葉にされてはこなかった深遠な思想を表現すること（そしてその他者への伝達を可能にすること）も，言語に期待される重要な働きであろう。それらは，平易・正確かつ論理的に他者に伝えることがおよそ不可能であり，無理にそれを試みようとすれば，その実質を毀損するか，またはせいぜい単純化ないし縮減した形でしか伝達できないものであ

る。

　「深遠な思想」といえば，木田は，ドイツの哲学者である**ハイデガー**（Martin Heidegger）の研究で有名であるが，そのハイデガーの主著が『存在と時間』である。この本は難解であり，用いられた言葉の曖昧さ・不明確さがしばしば批判の対象にもされてきた。たとえば，法哲学者の**碧海純一**は，**マックス・ウェーバー**（Max Weber）の文章と比較して，次のように述べている。

　　……たとえて見れば，ヴェーバーの文章は難解ではあるが，一種の細密画のようなもので，これをマグニファイヤーで拡大して見れば，内容がはっきりしてくるようなタイプのものである。それに対し，ヘーゲルやハイデッガーの文章は，ピントの外れた写真のようなもので，天眼鏡でのぞいて見ても，ボケた銀粒子が大きく見えるだけで，情報量のほうは一向に増えないのである。（林大＝碧海純一編『法と日本語——法律用語はなぜむずかしいか』〔有斐閣・1981〕127頁〔碧海執筆部分〕）

　しかし，私は，この「ピントの外れた写真」という形容は少し厳しすぎるものと感じる。それどころか，ハイデガーの『存在と時間』ほど，人間存在のあり方を言語という手段で見事に表現しえた作品は，ほかにないと思っている。たしかに独特の文章ではあるが，人間存在のあり方を抽象的な次元で言葉にするためには，あのような文章にならざるをえなかったと考えられる（この本を平易に読み解いた最近の本として，仲正昌樹『ハイデガー哲学入門——「存在と時間」を読む』〔講談社・2015〕や轟孝夫『ハイデガー「存在と時間」入門』〔講談社・2017〕がある。これらを読めば，読者の皆さんも，きっと私のいうことを理解して下さると思う）。ここでは，新しい翻訳から，たまたま目についた文章を抜き書きしてみることにしよう。これは，私たちといつか不可避に訪れるその死との関わりのあり方をきわめて正確に描写した記述といえるのではなかろうか。

　　……終わりに臨んで在ることを大まかながら実存論的に描く中で，これを私たちは，自分にとって最も固有で，他と何の関わりもない，追い越すのことのできない在りうべき在り方に臨んで在ることとして規定した。実存しつつこの可能性に臨んで在ることは，そもそも実存できなくなるという端的な不可能性と向かい合うことになる。一見，空疎とも映る，死に臨んで在ることのこのような性格規定に加えて，さらに日常性の様態におけるこの存在の具体的な姿が立ち現れてきた。日常性が本質的に備える

頽落傾向に従って，死に臨んで在ることも，実は，死を覆い隠しながらこれを回避するものであることが判明したのである。（マルティン・ハイデガー〔高田珠樹訳〕『存在と時間』〔作品社・2013〕380頁）

正確・平易でかつ論理的な文章は「良い文章」であるという命題は，他者に伝達すべきコンテンツを最初からかなり限定したときにのみ真である。逆にいえば，およそ文章は常に正確・平易で論理的でなければならないと考えるならば，私たちが言葉と文章をもって表現したいと考える内容の豊かさを無視することになる。

実は，碧海も，語が不明確であること（その外延ないし輪郭が明らかでないこと）は原理的にやむをえないことであり，そればかりか，また有用な性質であることを認めている（碧海純一『新版法哲学概論〔全訂第 2 版補正版〕』〔弘文堂・2000〕123頁）。かりに言葉や文章が完全に明確なものでなければならないとしたら，そのときには，ほんの少しでも違った物事を表現するためにまた別の言葉や文章が必要になるであろう。疑いの余地のない完全な言葉を作ろうとすると，その数はどんどん増加し，普通の人には記憶しきれない数のものとなる。それらをすべて覚え込んで使い方をマスターしなければならないとすれば，それは個人にとって大変な負担であろう。何とか人が自由に駆使できる程度の適切な数の言葉をもって世の中の出来事に対応するためには，言葉はある程度，抽象的で曖昧で不明確なものとならざるをえないのである。

これに対し，碧海は，語が多義的であること（すなわち，複数の外延を有すること）は取り柄がなく，害の方が大きいとする（碧海・前掲『新版法哲学概論』125頁）。しかし，こういうこともいえるのではなかろうか。文学作品が人の心を打つ 1 つの理由は，読者が自ら経験したこと（または経験したかもしれないこと，あるいはいつか経験するであろうこと）を作者が自分に代わって文章化し，そこに提起された人生の根本問題を目の前で再現してくれるからである。単なる著者個人の単独の世界の描写にとどまらない，普遍性をもった思想表現は，ある程度，多義的な文章であってはじめて可能となる。

COLUMN ❶ 言葉の曖昧さ・多義性と文学作品

　私がここで思い起こすのは，2016年にノーベル文学賞を受賞した**ボブ・ディラン**(Bob Dylan)の「ライク・ア・ローリング・ストーン (Like a Rolling Stone)」という楽曲である。その歌詞は，自分をふった女性か，過去に羽振りのよかったライバルのことを歌っているようにも聞こえるし，中途半端に周囲に迎合して裏切られた自分を自虐的に語っているようにも，また，国や政治家をテーマとしているようにも聞こえる。内容が多義的にできているが，だからこそ，多くの人が，見事に韻を踏んだこの歌詞に共感し，歌い手に自分を重ね合わせることができる（この点につき，Mathias R. Schmidt, *Bob Dylan und die sechziger Jahre* (Fischer Taschenbuch Verlag, 1983), S. 124 f. にも同様の指摘がある）。言葉や文章を明確・一義的なものにしようとすれば，それによって失われる代償は計り知れない。言葉の曖昧さ・多義性こそが「文化」を生むとさえいえるのではないか。

　ただ，この点で，映画や音楽は，書物に比べてやや「押しつけがましい」きらいがある。場合によっては，それは「感動の押し売り」となりかねない。書物はより謙抑的であり，読者に大きな自由が与えられる。たとえば，映画であれば，場所や登場人物のイメージはかなり明確に決められてしまうが，本であれば，読者がかつて住んだ場所をそこに投影したり，登場する女性に読者がひそかに心を寄せる身近な人をダブらせたりすることが自由にできる。

　以上のように，私たちは，曖昧で不正確で多義的でもある（そうであってよいし，ときにはそうでなければならない）言語に取り囲まれ，それを四六時中使用し，これを用いて他者と意思疎通を行いつつ生活している。そもそも，家族や親しい友人の間で，または会社における仲の良い同僚の間で，それぞれの思うところを伝え合うときであれば，常に明確・一義的で論理的な文章を用いることなど期待されていないであろう。すぐれた法律家であっても，法律家でない人との日常的なコミュニケーションにおいて，いかにも法廷で話すような話し方をする人は，そのことにより滑稽さを醸し出すことになる。日常生活においては，むしろ相互に言外のニュアンスを十分にくみ取り合うことこそが求められており，それができない人は「空気が読めない人」として困難に遭遇しさえする。

2 法律家はどういう文章を書くべきか

● 法律家の文章に求められるもの

1 普通とは違った文章が求められる

　さて，ここからが本論である。このPART Ⅰでは，これまでに述べたことを前提として，法律学の分野においてはどのような文章を書き，また話すことが期待されているのか，法律家の文章（以下では，これを「法的文章」ともいう）はいかなる性質を備えることが求められているのかをテーマとして，いろいろな角度から考えていきたい。

　まず，読者の皆さんには，ここで言葉や文章に対するイメージを根本的にあらためて，まったくゼロからスタートすることをお願いしたい。すなわち，**法律家が用いる言葉やその文章**は，日常生活において私たちが用いる言葉や文章とも，そして文学者や哲学者の言葉や文章とも**質的に異なったもの**なのである。法律家が用いる言葉（概念）は，可能な限り明確・一義的でなければならず，その文章は正確・平易で論理的であり，それが向けられた相手方（それは同じ法律家である場合もあり，一般の人である場合もある）にとり説得力をもち，合理性・正当性を備えるものでなければならない。

　したがって，読者の皆さんが，法を学ぶ過程において，レポートを作成したり，試験答案を書いたり，ゼミで報告したりするとき，それは普段，友だちや家族と会話したり，メールのやり取りをしたりするのとはまったく異なった作業ないし活動であることをわきまえる必要がある。そこでは，日常的な意思疎

通と情報伝達の場面におけるのとは全然違った心構えで臨むことが求められる。

2　なぜそうでなければならないか

　ここでは簡単に，法的文章の特殊性が何に基づくのか，そのことについて説明しておきたい。法的文章の特殊性は，「法は何のために存在するか」という**法の存在理由ないし存在根拠と密接に関連**していると考えられる。

　「法は何のために存在するか」という問いに対しては，さしあたり（それこそ曖昧で多義的であるが），法は**法的問題に対し法にしたがった解決を与える**ためにあると答えることができよう。この世の中に発生し，私たちがその解決を目指して取り組むことを求められる無数の問題のうちで，法による解決に真に適したものは，実はそれほど多くはない。法が解決のために用いる手段は，公的な強制（国家的強制）であり，具体的には，金銭の支払や物の返還を強制することとか，個人に一定の不利益（その代表が刑罰であるが，ほかにもある）を課すこととかである。こういう形で公権力を登場させることにより解決することが可能であり，またそれが適切であると考えられる問題（これを「法的問題」と呼ぶことができよう）を解決するために法は存在している。

> 　他方，そうした方法では解決しない問題は山のように存在し，法はそれらに満足のいく解決を与えることはできない。たとえば，事故により人命が失われたとき，被害者の遺族の悲しみには計り知れないものがある。どれだけ多くの賠償金が支払われたとしても，落ち度のあった者をいくら重く処罰したとしても，問題が「解決」されたことにはならないであろう。そこに法のもつ本質的な限界もある。それは現代医学では解決できない不治の病に苦しむ患者がいて，せいぜいその痛みを和らげることしかできないケースに喩えることが可能である。

　このような法的問題に対し法律家が法にしたがった解決を与えるために登場することを求められる場面としては，**民事事件**と**刑事事件**とが典型的であろう。たとえば，金銭の貸し借りや土地の所有権の帰属などをめぐり紛争が生じた場合（民事事件）や，犯罪による被害が発生し，ある人がその犯人と疑われて刑事訴追の対象となっている場合（刑事事件）などである。それらの状況に共通

することは，**関係する人たちの利害が厳しく対立していること**である。法的解決のいかんにより，関係者それぞれの運命は大きく左右されることになる。その解決が誤っている場合はもちろんのこと，正しい解決が行われたとしても，関係する誰かがその人生において再び立ち直れないほどのダメージを受けるということもしばしば起こる。

　このような，紛争の法的解決ないし利害対立の法的調整に関わる法律家の用いる言葉や文章が，いい加減なものであってはならないことは容易に理解されるであろう。言葉や文章の詩的な味わいとか，文学的深みとか，人生の深遠さの表現とかはむしろ余計なことであり，何よりも**誤解が生じない言葉と文章により，あらかじめ設定されているルール（法）にしたがい，公正かつ平等な解決を与えること**が要請される。さらにいえば，法的文章は，書く者の個性を感じさせない「無色透明」のものであることが望ましく，気負って書かれたもの，「上から目線」の権威性を感じさせるものなどは決定的にマイナスである（⇔ PART Ⅲ 7「気負って書く必要はない」）。

3　法と言葉の関係を考える

　ここでは，刑法を例にとって，より具体的に（そしてより厳密に），法の存在理由とその機能についてみることとする。刑法の条文の中で最も代表的なものは，殺人罪の処罰規定であろう。六法を開いて刑法（典）の 199 条を見ると，そこには，「人を殺した者は，死刑又は無期若しくは 5 年以上の懲役に処する」とある。この規定は，殺人事件が起きたときにその事実に適用されるものであるが，そのねらいは，いうまでもなく**個人の生命を保護**するところにある。

　まず，この条文は，殺人行為がやってはならない行為（場合によっては死刑に値するほど，重大な違法行為）であるとする，法の立場からの評価を明らかにし，一般市民に対し殺人行為を行わないよう強く呼びかけている（刑法 199 条には，「人を殺してはならない」とはっきり書かれているわけではないが，それはあえて法律において明記するのも滑稽なほど，当然のことだからであろう）。同時に，刑法のこの規定は，現実に殺人事件が起きたとき，国に対し，その犯罪行為者を処罰す

る権限（これを「国家刑罰権」という）を与えるとともに，その処罰の限界をも定めている（すなわち，この規定にあてはまらない行為を殺人罪とすることはできないし，それが殺人行為であっても本条にない刑を言い渡すこともできない）。

　このように，刑法という法律は，国家刑罰権の根拠となり，同時に，その発動・実現を枠づけ，コントロールすることをその本質的使命とする。刑法を使う法律家の言葉や文章が正確で厳密なものでなければならないのも当然のことであろう。人の生命さえ奪うことのできる刑罰権の行使が不公正なものにならないようにするためには，厳密な言葉や文章を用いることが必要となるのである。言葉や文章の正確さ・厳密さは，法律学の宿命というべきである。

COLUMN ❷ 言語的存在としての法 ──「規範」という言葉

　「法とは何か」と尋ねられたら，それは「規範」の一種であると答えればよい。それは，「人とは何か」と尋ねられて，人も犬やウサギと同じ「動物」の一種であると答えるのと同じである。それでは，規範とは何か。それは，「……してはならない」（禁止）または「……しなければならない」（命令）という内容をもった，人に向けられた行動の基準（準則）のことをいう。たとえば，殺人罪の処罰規定は，個人の生命保護のため，一般市民の行動を規制（コントロール）すると同時に，殺人事件が起こったときに登場する国家機関（刑事司法機関）の活動をも規制する。このように，法（法規範）は，一定の目的（たとえば，個人の生命の保護）のために，言葉と文章を用いて人の行動をコントロールしようとするものである。法とは，この意味において，まさに言語的存在である。言葉に「力」が与えられたものが法だといってもよい。法に関心をもつ者は，言葉にも関心を向けなければならない。

　なお，規範という言葉は，法的問題の解決にあたっての判断基準となる法的ルール（規範的命題）の意味で使われることも多い。「規範の発見」と「規範の事実への適用」といわれるときは（⇔ PART Ⅲ 3「組立てを考えて書く」），規範がこの意味において用いられている。もちろん，この意味における規範は，上の意味における法（法規範）と別個の存在ではない。後者を問題解決の基準となるように，より具体化したものが前者という関係に立つ。

　ちなみに，法的文章を読むとき，「法」，「法律」，「法規」などの似通った言葉が頻繁に登場するので，最初のうちは戸惑うことであろう。ここで，簡単にそれぞれの意味を明らかにしておきたい。「法」とは，さまざまな形態の法規範のそ

れぞれ，またはその**総称**である。法の存在形態はさまざまであり，文章化された**成文法**とそうでない**不文法**とに区別される。成文法には，法律，命令（政令，省令等），条例等の種類があり（これらをまとめて「**法令**」と呼ぶことも多い），不文法には，判例法や慣習法などがある。これらすべてをまとめて「法」と呼ぶのである。「**法律**」の語は，「法」と同じ意味で使われることもあるが，狭義では，国会が法律の名で制定する成文法のことをいう（憲法 59 条を参照）。「**法規**」とは，成文法（制定法）の個々の条文（規定）を指す言葉である。

4 法的文章に求められるもの

　以上のような法の存在理由と役割に基づき，法律家の用いる言葉と文章には，一定の機能と働きが求められる。それをここでは，次のようにまとめておきたい。

　まず**第 1** に，法的文章は，何よりも**関係者の恣意，特定の当事者に都合のよい方向への操作を排除できるもの**でなければならない。曖昧な概念や，論理的でない文章は，特定の者（とりわけ，政治的・経済的・社会的な力を有する者）の勝手な判断や意図的操作を可能にするものである。このことに以前から特に注意が払われてきたのは，たとえば刑法の分野である。前述のように，国は，国家権力の 1 つの内容として，犯罪者を処罰する刑罰権を有するが，刑罰は個人にとり，かけがえのない価値をもつ利益（生命，自由，財産）を国が強制的に奪う，きわめて厳しい制裁である（刑法 9 条を参照）。そのような刑罰がデタラメな使われ方をされては困る。そこで，あらかじめルールを決め，刑罰権の発動・実現に関わる国家機関（それは警察官や検察官，裁判所のことであり，これを「刑事司法機関」という）の活動がその枠をはずれないようにコントロールする必要がある。刑法とは，**言葉を手段として，国家刑罰権の発動を規律し，コントロールするための法**である。国家権力をしばるためには，厳密な用語や概念が必要になる。日常的には曖昧・多義的に使われている言葉の語義を分析して，特定の明確な意味内容を与えようとしたり，素人が見たことも聞いたこともな

い技術的概念を導入することもしばしば行われる（⇨35 COLUMN ❸）。門外漢には，言葉の詮索に映るようなことが行われるのは，1つの用語の意味をどのように決めるかが，関係者の利害に直接に大きく影響するからである。同じことは，民事法の分野についてもいえる。そこでは，個人が最終的には強制執行を受けてその建物を収去されたり，財産を差し押さえられたりするといった，重大な結果を強いられることがある。言葉の厳密な用い方が要請されるのは，刑法の分野と何ら異ならないのである。

　このことから，法律家の用いる文章は，正確であるとともに，平易で，かつ論理的でなければならない。正確性，平易性，論理性は，法的文章の形式面に関わることであり，これを法的文章が「良い」文章とされるための「形式的条件」と呼ぶこともできよう。この点については，節をあらためて詳しく説明することにしたい（⇨3）。

　第2に，法的文章は，法的問題の解決に向けて書かれるものであり，したがって，法的な判断とその結論の合理化と正当化に役立つものでなければならない。利害関係が鋭く対立している事件の当事者たちのそれぞれが，それを筋が通っているものとして理解しかつ納得し，正しいものとして受け入れることができ，さらには，事件を知る誰もがそれがそれなりの理由がある，正しい判断として合意できるものであることが目指されるべきである。そのケースについて，法律の規定により，疑いようもない形で解決方法が示されているときであれば，それに基づく解決に（その法律の規定に憲法違反の疑いがあるというのでもない限り）両当事者は納得せざるをえないであろう。条文をどう読むかをめぐって意見の対立が生じうるときや，法令にはその種の事例の解決について直接の手がかりとなる規定が存在しないというときに，どのようにすれば，誰しもが納得できるような解決に到達できるのかが問題となる。

　さらにいえば，目の前の，その1つの事件だけがうまく解決できればそれでよいというのではないことに注意しなければならない。ある事件について解決を与えようとするとき，その解決が別の事件の解決と矛盾するものであってはならないし，将来の類似の事件にも波及しうることを予定したものでなければならない。ひいては，すべての事例の法的解決が，それぞれ相互に整合的であり，首尾一貫したものであることが理想とされる。法的判断は，平等性・公平

性の要請として、問題となりうる、すべての関連事例にあてはまるような、**普遍的な解決の原理ないし統一的な判断の基準**を常に意識したものであることが求められる。そのときどきの法的判断が、その場の感情に流されて場当たり的なものとなり、全体として結論がバラバラで統一のとれないものになってはならない。

　そうであるとすれば、法律家にとり「良い文章」であるためには、それができるだけ平易で、正確かつ論理的な文章であるというだけでなく、法的判断の合理性と正当性、これまでの事例解決との整合性という見地から**内容的・実質的に一定の条件を充たすもの**であることが必要とされる。それを、法的文章が「良い文章」とされるために備えるべき「**実質的条件**」と呼ぶことができよう。この点についても後に詳しく説明することとしたい（⇔**4**）。

　以下では、法的文章が「良い文章」とされるための条件を、形式的条件と実質的条件とに分けて述べていこう。

3

正確性，平易性，論理性

● すぐれた法的文章の形式的条件 ●

1　文章の正確性

　法律家の文章は，法的情報の提供と伝達のための手段である。Aさんがひとまとまりの情報内容（以下では，これを「P」と呼ぶことにする）を相手方のBさんに伝えようとするとき，文を連ねた文章をその手段として用いる（ここでは書き言葉を主として念頭に置いて論じるが，以下に述べることは話し言葉についてもそのままあてはまるであろう）。AさんからBさんに，Pを正しく（内容の異なる「P'」や，まして「Q」としてではなく，まさに「P」として）伝えることが文章を用いた情報伝達の最も基本的な目的である。この目的を実現できる文章のことを正確な文章と呼び，ある文章がこの目的を実現できる性質（属性）をもつとき，それを文章の正確性と呼ぶことができよう。

　文章の正確性が大きな意味をもつ1つの場面は，人が一定の事実関係についての報告ないし説明を行わなければならないときである（そのほかに，法的文章が現行法・判例・学説についての情報を含むことがあるが，いうまでもなく，それは正確な内容のものであることを要する）。たとえば，日常的な生活場面から例をとるとすれば，AさんがBさんに対して，次のように要約可能な事態について説明したとする。

　　CさんとDさんとの関係が，2人の間の些細な口げんかをきっかけとしてきわめて険悪なものとなり，そのため，Eさんがとても困っている。

もし説明を受けたBさんが,「CさんとE̊さんとの間に仲違いが生じ,D̊さんがとても困っている」というように理解したとすれば,Pという内容の情報がQとして伝わったことになるわけであり,情報伝達の基本的な目的が達成されなかったことになる。情報内容が正確に伝わる文章であることは,情報伝達の手段としての文章が何よりクリアすべき最低限の条件ということができよう。

2 事実関係の理解と伝達

　このような事実関係の正確な理解と伝達は,法律家にとってもきわめて重要な意味をもっている(現行法の規定や判例,さらには学説についての正確な理解や伝達も重要であるが,ここではまず「事実」に注目したい)。なぜなら,法律家は,法にしたがった問題の解決を行う際に,「法の適用」を通じてこれを行うのであるが,法の適用という作業の前提(の1つ)は事実関係の確定だからである。法の適用とは,法の規定(法規)を具体的事実にあてはめる(事実を法規に「包摂する」ともいう)ことである。事件に法を適用して事件を解決するためには,まずは適用の対象となる事実を確認しなくてはならない。ここに誤りがあれば,その後の作業が完璧に行われても,法適用は全体として誤りとなる。文字どおり,すべての努力は「水の泡」となるのである(なお,現実の裁判手続における事実の認定は「証拠」により行われ,そのための具体的な方法と手続は,民事訴訟法や刑事訴訟法等の訴訟法〔手続法〕に規定されている)。

　なお,少し先回りして述べておけば,事実関係の把握と記述は,実は,適用されるべき法規範の解釈ときわめて密接な相互関係を有している。この点については,答案やレポートを書くにあたっての実践的なアドバイスをする箇所において詳しく論じることとする(⇨ 5 5。なお,PART Ⅲ 3「組立てを考えて書く」では,「状況の分析という準備作業」→「規範の発見」→「事実の抽出」→「解決の提示」という形で答案の書き方を整理しているが,ここに述べていることと矛盾しない)。

　法の適用のプロセスを,殺人罪の規定を例にとってみてみよう。刑法199条には,「人を殺した者は,死刑又は無期若しくは5年以上の懲役に処する」とある。この規定を現実の事件に適用するためには,まず,①「人を殺した」と

いう規定の表現にあてはまりうる事実が現実に起こったかどうかの確認が必要である。たとえば，2019年3月10日午後3時に横浜市〇〇区において親である甲が生後間もない赤ちゃんに十分なミルクを与えず，栄養失調で死亡させたという事実が認定されなければならない。次に，②殺人罪の規定をその事実にあてはめることが可能かどうかを確認するため，「人を殺した」という規定の表現を明確化する必要がある。赤ちゃんにミルクを与えないで死亡させる行為が「人を殺す」行為といいうるかどうか（どういう条件下であればそういえるか）を明らかにすることが必要になる。これは法の解釈（すなわち，規定の意味の明確化）の問題である。③「事実の認定」と「法の解釈」を前提としてはじめて，当該の規定をその事実に適用できるかどうかが明らかにされることになる。適用できるということになれば，そこから，甲は「死刑又は無期若しくは5年以上の懲役に処」せられるとする結論が得られることになる。

このような法の適用のプロセスは，(伝統的)論理学でいう「三段論法」として理解できるといわれる（法的三段論法については，たとえば，山下純司ほか『法解釈入門〔補訂版〕』〔有斐閣・2018〕3頁以下，田髙寛貴ほか『リーガル・リサーチ＆レポート』〔有斐閣・2015〕8頁以下，53頁以下，木山泰嗣『法学ライティング』〔弘文堂・2015〕96頁以下などを参照）。三段論法とは，「およそ人は死すべき存在である」（大前提），「ソクラテスは人である」（小前提），「ソクラテスは死すべき存在である」（結論）という推論の形式のことである（2つの前提が「真」である限り結論は必ず「真」となる。詳しくは，野矢茂樹『論理学』〔東京大学出版会・1994〕78頁以下を参照）。これにあてはめると，大前提としての「人を殺す行為をした者は殺人罪として処罰される」，小前提としての「甲は人を殺す行為をした」，結論としての「甲は殺人罪として処罰される」というのが法適用のプロセスである。適用法規の発見とその解釈が大前提の問題であり，事実の認定が小前提の問題ということになる。

少し大ざっぱにいえば，法律家の仕事の中には，事実の法的評価に関わるもの（とりわけ法の解釈）と，事実の存否の確認に関わるもの（とりわけ事実の認定）とがあり，それらは車の両輪のように密接に関わっている。たとえば，一定の事実関係を前提として（一定の事実があったと仮定したとき），そのときには損害賠償の請求権が生じるかとか，それは犯罪を構成するかとかいう問題は法的評

価（法の解釈）の問題である。これに対し，そのような事実が本当にあったのか（また，どのような証拠があれば，その事実の存在を証明できるのか）という問題が事実関係の確定（事実の認定）の問題である。

3 事実問題（事実認定）と法律問題（法解釈）

　大学で法を学ぶとき，その内容は法の解釈が中心であり，事実認定については，訴訟法の授業においてその基礎的な部分を教わる程度であろう（ただし，法科大学院の課程においては，その後半部分で，事実認定の「真似事」のようなことは実際に行うことになるであろう）。たとえば，法学部の刑法の授業においては，次のような事例問題が（期末試験で，あるいはレポートの課題として）出されることがある。

■ 事例問題 ①

　甲は，自動車事故を装った方法によりＡ（女性）を自殺させて保険金を取得しようと企てた。甲は，暴行，脅迫を交え，Ａに対し，漁港の岸壁上から乗車した自動車ごと，真冬の真夜中，水温5度の海中に自ら飛び込んで自殺するよう執拗に命令し，Ａにおいて，自殺の決意を生じさせるには至らなかったものの，甲の命令に応じて車ごと海中に飛び込む以外の行為を選択することができない精神状態に陥らせ，そのとおり実行させた。しかし，Ａは水没前に車内から脱出して死ぬことをまぬがれた。甲の刑事責任について論ぜよ。

　問題を出題した，授業の担当者の側の意図としては，このような事実関係を前提としたとき（かりにこのような事実が本当にあったとしたときに）甲の行為はどのように刑法上評価されるか（特に，殺人未遂罪〔刑法203条・199条〕が成立するか，それとも自殺教唆未遂罪〔同法203条・202条〕にすぎないか）を，つまり事案を前提として法的評価の側面を検討させるところにある（なお，この事例は，後にも述べるように，最高裁判例〔最決平成16・1・20刑集58巻1号1頁〕の事案をベースにしたものである）。ただ，そのためには，この事例に含まれる事実を正しく理解することが不可欠である。学部段階の授業では，事実認定の実際と

その方法等について教えることはないとしても，しかし事実関係に注意を払い，それを正確に把握しようとする気持ちは，法を学ぶ者にとり不可欠と考えられている。

そこで，もしこの事例問題の解答にあたり，「Aは甲からいくら執拗に命令されたからといっても，逃げて警察に助けを求めることもできたはずであり，車ごと海中に飛び込む以外の行為を選択することができない精神状態に陥ることは実際上ありえない」とか，「漁港の岸壁上から車ごと海中に飛び込むことを決意したのだから，自殺の決意があったといえる」などと詳細に論じたとしても，点数はつかないどころか，大幅に減点されることであろう。というより，そのような答案は，「法律学の作法をわきまえないもの」として扱われるのである。事例問題を解こうとするときには，事実関係を問題文に即して正確に理解し，解答においてもその理解を踏まえることが何より重要である。このことはいくら強調しても強調しすぎることはない（⇨PART Ⅲ 3 4「事実の抽出」）。

他方において，この事例のAはきっとケガをしたはずであるから，と考えて傷害結果についての刑事責任を検討するのも余計なことである。問題文において傷害について言及していないとすれば，その点の検討はしなくてよいという出題者のメッセージとしてこれを理解することができる。

4 事実と価値

● 2つの異なった世界 ●

ここでは，以上のことに関連して，より根本的な事柄についても触れておきたい。それは，事実関係の把握・記述と，その法的評価（価値判断）とは区別されるべきものであることである。少し単純化していえば，「事実」はこの世に存在するものであるが，「評価」は私たちの頭の中にあるものである。一定の事実が存在するかどうかは，客観的に確定可能なことであるが，評価ないし価値判断は，多分に主観的なものであり，場所的・歴史的にみて相対的なものでもある。何らかの価値判断について，多くの人がそれを共有しているということがあっても，そこにおいて事実判断と同じような意味での「客観性」を語

りうるものではない。法規範（⇨ 2 3 COLUMN ❷）は（事実の世界とは異なった）価値判断の世界に属する存在であり，それに基づく法的評価も，多かれ少なかれ主観性・相対性・不確実性という性格をまぬがれないものである。

　もちろん，法は，一個人の主観的価値判断を示したものなどではなく，その重要部分は，国民の代表者として国政を負託された国会議員たちの合意の結果を示す法律等の制定法という形で「客観化」されている。ただ，前述のように，制定法についても，その意味内容を明らかにするため解釈という作業が必要であり，その過程においては，解釈を行う者の価値判断が強く影響する。法を学ぶ人が試験の答案やレポートという形で文章を書いたり，発言を求められたりするのは，この法の解釈に関わる事項についてであることが多いであろう。価値判断を含まざるをえない法の解釈の場面では，それが単に「個人の意見」「主観的な選択」にとどまるのではなく，一定の客観性ないし普遍的妥当性をもつためにはどうしたらよいかを常に考える必要がある。そのために何が必要かについては，後に述べることとしたい（⇨ 4 1以下を参照）。

5　文章の平易性と論理性

　文章は，単にそれが情報内容を正確に伝達できるというだけでは十分ではない（文章の正確性は，よい文章であることの必要条件であっても，十分条件ではない）。情報の受け手のBさんに，過度の負荷を与えずに，いいかえれば，余計な時間や労力，ストレスをかけることなく情報内容のPが伝えられるということも重要である。文章は正確であるばかりでなく，わかりやすく書かれていること（すなわち，それが平易な文章であること）と，論理的に組み立てられていること（すなわち，それが論理的な文章であること）も求められる。これをそれぞれ，文章の平易性，文章の論理性と呼ぶことにしたい。

　先ほどの例を用いるとすれば，AさんがBさんに対し，C・D・Eの間に生じた基本的事態について伝達しようとするとき，平易で論理的な文章を用いてこれを行うならば，Bさんはスピーディーに，そしてストレスなく事態を把握することができる。それにより時間と余力とが生まれるから，これを事態改善

のための対処法を考案するために振り向けることも可能となるであろう。ビジネスの世界であれば，平易で論理的な文章のもつ「経済効果」ははかりしれない。人が身に付けた文章作法は，大きな経済的効用を生み出しうるものであり，それは文字どおり「財産」を意味することになる。

ただし，正確性，平易性，論理性という 3 つの要請を並べたとき，そのうちの正確性と論理性はとりわけ重要である（不正確な文章や非論理的な文章は，法的文章として最初から失格である）。法律学の分野では，正確性・論理性が何より重視される結果として，平易さが犠牲とされることもやむをえない。たとえば，日常生活では用いられることのない技術的概念が作られ，使われることもある（平易さ・わかりやすさが犠牲にされる場面については，さらに，⇨ PART Ⅱ **2 1 COLUMN ❾**「法を学ぶ人はバイリンガルであれ」および **2 3 COLUMN ❿**「条文はリマインドをしない」）。

COLUMN ❸ 法で用いられる技術的概念の一例

読者の皆さんは，音楽を聴くための CD や，映画を観るためのブルーレイディスク，データを保管するための USB スティックなどを持っていることであろう。それでは，これらの媒体に記録された情報を包括的に指し示す，正確な法的概念を聞いたことがあるであろうか。刑法は，そのような概念として「電磁的記録」という，日常ではまず使わない言葉を用いている。すなわち，刑法 7 条の 2 は，「この法律において『電磁的記録』とは，電子的方式，磁気的方式その他人の知覚によっては認識することができない方式で作られる記録であって，電子計算機による情報処理の用に供されるものをいう」と定める。そこには，上記のもののほか，CD-ROM やパソコンに組み込まれたハードディスク等に記録されたものも含まれることになる。たとえば，それらの電磁的記録を改ざんしたり消去したりする行為は，それらの内容が紙の上に記載されている場合（文書偽造罪等）と同様な形で処罰されることになる（刑法 157 条・161 条の 2・163 条の 2・258 条・259 条などを参照）。

さて，形式面において，文章全体の論理的構造を見えやすくし，伝えようとする情報内容の理解を容易にして読み手の負担を軽くするための工夫にはさま

ざまなものがある。本書の PART Ⅱ と PART Ⅲ は，そのための示唆に満ちているが，その中のいくつかを取り上げてみると，全体の組立てを考えて書くこと，文章が長くなりすぎないように気をつけること（他方，短い文章を並べることがかえって理解を妨げるおそれもあること），適度に改行して各段落でいいたいことをまとめること（逆に，むやみに改行しないこと），段落を整えること，「てにをは」を的確に使うこと，接続表現に気をつけること，論理的次元の異なるものを同一の次元に置かないことなどがある。これらは，いくら強調しても強調しすぎということがないであろう。

これらの点についての各論的な説明は，PART Ⅱ と PART Ⅲ にゆずることにして，ここでは事実関係を伝達する文章の論理的構造に注目することとしたい。

6　事実を伝える文章の論理的構造

前述のようなＣ・Ｄ・Ｅの間に生じた基本的事態について文章により伝達しようとするとき，その論理的構造とはどのようなものであろうか。まず押さえるべきことは，その事態は大きく２つの構成部分からなることである。すなわち，①ＣさんとＤさんとの間に，些細な口げんかをきっかけとして深刻な仲違いが生じたことと，②そのことがＥさんをとても困らせていることである。その説明にあたっては，２つに区別される事態の基本的構造を説明の根幹に置いて，これを相手に確実に理解してもらえるように努力する必要がある。その上で，①に関し，いつ・どういう口げんかから・どのような仲違いが生じたのかを説明し（ここでは，よく「5W1H」といわれるもの〔who 誰が・what 何を・where どこで・when いつ・why なぜ・how どのように〕が参考になるかもしれない），さらに，②に関し，ＣさんとＤさんの関係が険悪になったことがなぜＥさんを困らせているのかを説明することになろう。

このようにみてくると，論理的な説明の中核にあるのは，説明したい出来事と，それに先行する事実とを結びつけ，これを，原因ないし理由となった事実と，そこから生じる結果ないし帰結との関係（すなわち，因果関係という法則的

関係）として示すことであろう。これを「因果的説明」と呼ぶことができる（人の意思決定とその理由となった事実の間の心理学的関係を「因果関係」と呼びうるのかどうかをめぐっては，哲学の分野では見解の対立が存在するが，ここでは因果関係を広義において理解することとしたい）。事実関係の報告ないし伝達を内容とする文章に関する限りは，論理的な文章とは，とりわけ事実関係の因果的説明に成功している文章のことであるということができよう。

　事実的な因果関係の確認は，法的な責任を肯定するための前提となるという点できわめて重要である。もう一度，前にみた事例問題 1 （⇨ 3 3）を取り上げることにしたい。

　このケースでは，Aが自動車ごと真冬の海に飛び込むという，生命を失う危険をともなう行為をしたのは，甲がこれを暴行・脅迫を交えて執拗に命令したからであり，甲の行為とAの行為との間の事実的なつながり（その意味での因果関係）の存在は肯定することができる。このことを明らかにすることは，このケースの法的解決の前提であるが，そのために特段の法的知識は必要でない。

　その上で，甲の刑事責任を検討するとき，甲はAにおいて自殺行為を決意させてそれを実行させようとした（が，自殺意思も死亡の結果もいずれも生じるに至らなかった）ものとして，自殺教唆未遂罪（刑法203条・202条）が成立するか，それとも，進んで，Aの意思を制圧しその意思を介在させることなく殺害しようとした（が，死亡の結果は生じなかった）ものとして，殺人未遂罪（同法203条・199条）が成立するかが明らかにされなくてはならない。ここでは，当該ケースの事実関係の理解を前提とした上で甲の行為の（刑）法的評価が問われており，その際に行われるべきことは，適用可能性のある法規を候補にあげ，その中から最終的に適用されるべき法規を決定することである。具体的には，候補にあがる刑法199条と202条について，それらを適用においてどう区別するかという，（刑）法の解釈に関わる1つの論点が正面から問われている（なお，このケースの論点について，答案のアウトライン作成を練習問題として出題し〔⇨PART Ⅱ 3 1「文章作成前の計画」〕，また，答案のサンプルも示した〔⇨EPILOGUE〕。さらに，最高裁がこのケースをどのように解決したのかも後に紹介している〔⇨ 4 1〕）。刑法各論を学ぶことにより，この論点とその可能な検討方法についての知識を得ることなしには，このケースの正しい法的解決に到達することはできない。

以上のところから明らかになるように，法的事例の解決にあたっては，前提となる事実関係の正確な把握・分析と，適用されるべき法規範の選択・その解釈との両方が必要であり，しかも，その両方を有機的に関連づけて（⇨ **5** 5）それぞれを行いうる法的学識と法的思考力が求められるのである（⇨ PART Ⅲ 3「組立てを考えて書く」）。

7 「法的論証」の論理性

　法の実務においては，事実関係の把握とその因果的説明が（たとえば，関係者の法的責任を検討する上で）大きな意味をもつとしても，しかし，法を学ぶ人が，たとえば，法学部の授業における試験やレポートにおいて，それを求められる場面はそれほど多くないかもしれない（これに対し，法科大学院の授業においてはその頻度は増すことであろう）。むしろ法的文章の論理性ということでしばしば問われることがあるとすれば，結論を導く過程での「理由付け」の場面においてであるといえよう。

　よく法的解決に正解はないといわれ，「重要なのは結論ではなく理由付けである」といわれることがある。これまでにくり返し述べたように，法的問題の解決は，適用法規の選択および選択された法規の適用を通して行われるが，その前提（＝事実の認定と並ぶもう1つの前提）となるのは法の解釈である。法の解釈とは，法適用の前提として，法のもつ意味内容を明確にすることをいう（それは，まさに「語の意味範囲を自覚する」ことにほかならない〔⇨ PART Ⅱ **2** 2「語句を整える」〕）。それには（必ずといってよいほど）複数の可能性がある（それが学説に反映して，A説，B説，C説というような対立が生じる）。法は，鋭く対立する利害の調整を任務とするものであるから，法の内容が解釈者の価値判断と選択によって決まるというのではなく，もともと1つのものでなくては困るはずだと思うかもしれない。しかし，これこそが客観的に通用する解釈であると決めることができるような判断基準は存在しない。それが現実であり，これも法律学の宿命である。法を学ぶ者はそこから出発するほかはない。

　こうして，結論の理由付けとは，事実関係の把握と確認を踏まえて，適用法

規を選択し，その法規の解釈を示し，その上でこれを事実にあてはめる過程において，その過程が正しいことの論拠を示すこと，とりわけ，その中心となる<u>法（法規）の解釈についてそれが正しいことを理由付ける</u>ことをいう。

COLUMN ❹ 法（法規）の解釈とその基準について

　ここでは，法（法規）の解釈について簡単に説明しておきたい（詳しくは，山下ほか・前掲『法解釈入門』を参照）。法の解釈にあたっては，規定の言葉や文章の日常的な普通の意味（国語辞典に載っている意味）にしたがって解釈する<u>文理解釈</u>がその出発点となる。文理解釈によるところ（日常的な意味）よりも少し広げて理解することを<u>拡張解釈</u>といい，逆に，それよりも狭く理解することを<u>縮小解釈</u>という。規定の言葉や文章を拡張的に理解してもカバーできない場合，すなわち，その事件について直接に適用できる規定がない場合に，類似した事例に適用される規定を適用して同じ結論に到達する<u>類推解釈</u>もあり，また，これとは反対に，AとBという類似の事実のうち，法律にはAについてしか規定がない場合に，Bという事実についてはAと逆の結論を引き出す<u>反対解釈</u>もある。このように，法の解釈には，5つの種類ないし方法がある。

　それでは，いつ拡張解釈し，いつ縮小解釈すべきなのか，どのような場合に類推解釈を選び，逆に，反対解釈を行うべきなのか。法の解釈にあたっては，解釈の選択に至るための実質的基準ないし手がかりが必要となる。解釈の実質的基準となるものによって解釈を分類すると，次の4つに分類することができる。まず，特段の理由がない限り，条文の日常的な普通の意味にしたがった解釈をすべきである。そこで，解釈の出発点はやはり<u>文理解釈</u>である。しかし，立法者ないし起草者が考えていたところを基準として解釈すべきだとする<u>歴史的解釈</u>，その規定の置かれている場所や，他の規定との相互関係を解釈の基準とする<u>論理的・体系的解釈</u>，規定が果たすべき目的を考慮し，社会生活の要求に照らして妥当な結論を得ようとする<u>目的論的解釈</u>も重要である。

　これらの解釈方法の間に，優先順位ないし序列関係が存在するものではないが，一般論としていえば，法のような社会的制度を動かしていくときにはその「目的」が重要であり，法の解釈にあたっても，規定の目的に沿う解釈，したがって目的論的解釈がしばしば決定的な意味をもつ。その反面，目的論的解釈は，客観性を保ち難く，解釈する人ごとにまちまちなものにもなりがちだというデメリットをもつ。まずは規定の文理を尊重すべきであり，目的論的見地からその法規を拡張解釈しようとするときは，それ相応の根拠が必要になるといえよう。十分な実質的理由がないときには，文理に忠実な解釈をとるように心がけるべきである。

I 文章というものを考える

ごく一般的・抽象的にいえば，それが正しい法的解決といえるかどうかを判断する基準とは，その結論を支える論拠ないし理由付けの説得力の程度である。もし決まった答えがないのに，それでも結論を出さなければならないとしたら，各自がその結論が妥当だと考える理由を述べて意見をぶつけあった上で，多くの人が納得できる結論を選ぶほかはない。法律学の分野では，多数の人（理想的には全員）が納得できるような結論が正しい結論，したがって「真理」ということができる。合意形成を目指して討論が行われるとき，ある特定の人が権力をもっていて，その人の「鶴の一声」で決まってしまうというのであってはならない。結論の論拠ないし理由付けの有する高度の説得力のみが，最初は反対していた人の心を動かすというのでなければならない（政治の分野における意思決定の際に，このような実質的な議論の可能性を広く保障しようとする考え方のことを「熟議民主主義」の思想と呼ぶ）。法律家に求められる能力とは，決まった正解のないところで多くの人が納得できる結論を見出す能力であり，討論の中で相手を納得させることができる論拠ないし理由付けの力を駆使できる能力にほかならない。

さて，答案やレポートなどで書かれる法的文章においては，提示された「問い」に対し，「答え」を与えることが求められる。そこでは，たとえば，「甲および乙にどのような刑事責任が生じるか」という問いに対し，「甲は傷害致死罪（刑法205条）の罪責を負う」，「乙の行為には一項強盗罪（刑法236条1項）が成立する」といった最終的な結論のみではなく，その結論に至る思考過程を示さなければならない。現行法の規定を所与の前提として（現行法規定の根拠やその合理性まで論じる必要は通常はない），適用可能な法規を選択し，その法規の解釈を示し，その上でこれを事実に適用し，そこから最終的な結論を論理的に導く（導出する）ことが必要とされている。これを法的論証と呼ぶ。法的論証において重要なのは，すでに述べたように，結論ではなく，その過程である。各ステップにおいて提示されている論拠ないし理由付けが，結論を導く強い力をもっているかどうかである。

法的論証のためにしばしば用いられる方法（汎用性のあるもの）にはいくつかのものがある。ここでは，事例問題を用いつつ，主要な3つの法的論証の方法を紹介しておきたい（もちろん，これらを組み合わせて併用することも可能であるし，

現にしばしば行われる)。なお，これらの事例問題についての答案のサンプルを付しているので（⇨ EPILOGUE），後に参照していただきたい。

事例問題 2

　甲は，宗教団体であるＸ教団の信者である。甲は，教団から脱会しようとして行方をくらましたＡを探していたが，ＢがＡをかくまっているとの情報を得たので，Ａを発見して取り戻すため，午前２時過ぎ，Ｂら家族の住む家の塀を乗り越えて，その庭に無断で入り込んだ。甲の刑事責任を明らかにせよ。

　法的論証の方法には，まず，(ｲ) 規定の言葉ないし字句（普通われわれはこれを「文言」という）の解釈（定義）を媒介にするものがある（⇨ ３７ COLUMN ❹）。ここでは，事例問題 2 を用いてその実例を示したい。このケースでは，刑法の住居侵入罪の規定（刑法130条）の適用が問題となる。この規定は，前段において，人の住居や人の看守する建造物等に侵入する行為（狭義の住居侵入罪）を，後段において，要求を受けたにもかかわらずこれらの場所から退去しない行為（不退去罪）を処罰の対象としている。事例における甲の行為が130条前段の住居侵入行為にあたることを論証するためには，「住居」という文言の解釈が必要となる。判例（そして通説）は，「住居」には，建物の部分のみならず，囲繞地（すなわち，建物部分のすぐ周りにあり，塀などにより取り囲まれたその付属地）も含まれるとしている。そこで，甲の行為の刑法的評価にあたっては，「住居」という文言にはその囲繞地も含まれるとする解釈（ないし定義）を明らかにした上で，そこから，他人の家の囲繞地たる庭に勝手に立ち入った甲の行為も住居侵入行為であり本罪を構成する，という結論を導くとすれば，立派な法的論証ということになるであろう。

事例問題 3

　甲は，事例問題 2 と同じ状況で，逃亡中のＡを探していたが，ＢがＡをかくまっているとの情報を得たので，Ａが本当にＢ宅内にいるかどうかを確認するため，午前２時過ぎ，隣接するマンションの外階段から無断でＢら家族の住む家の屋根に飛び乗った。甲の刑事責任を明らかにせよ。

法的論証の手法としては，次に，(ロ) **平等（公平な扱い）の要請を手段とするもの**がある（それは，誤解をおそれずにいえば，「類推」の手法をとるものである）。特にこの方法が用いられるのは，規定の文言は決め手にならず，また最高裁判例があるわけでもないケースにおいて，一定の結論を論証しようとする場合である。**事例問題3**の甲の行為は，住居侵入罪となるであろうか。この種の行為も，住居の囲繞地に侵入する行為とまったく同様に，勝手に他人の居住空間（それは，一定の限度内において上空をも含むと解されよう）に入り込み，他人の私的領域を害する行為であるといえよう。このような考慮に基づき，勝手に住居の屋根に上がる行為も住居に侵入する行為として本罪を構成する，と論じれば，それはすぐれた法的論証というべきであろう（なお，東京高判昭和54・5・21高刑集32巻2号134頁は，住居の屋根の上は住居の一部であるとして，本罪の成立を肯定した）。

■ **事例問題4**

　甲は，事例問題2と同じ状況で，逃亡中のAを探していたが，BがAをかくまっているとの情報を得たので，Aが本当にB宅内にいるかどうかを確認するため，午前2時過ぎ，無人機たるドローンに小型カメラを取り付けてBら家族の住む家の敷地内を飛行させ，内部の様子を撮影した。甲の刑事責任を明らかにせよ。

　法的論証の方法としては，(ハ) **他の解決をとると不当な結論に至ることを理由とする**ものもよくみられる。これは，(ロ)の手法と裏腹の関係にあり類似しているようにみえるが，とりわけ規定の適用範囲を広げる解釈に対し，それでは歯止めがなくなり，本来は適用すべきでないケースまで取り込まれてしまうことを指摘してこれに反対するときに用いられる。そのような場面における論証手法として，独自性があるといえよう。

　事例問題4を例にとれば，ドローンにカメラを取り付けて他人の住居の敷地内を飛行させ，内部の様子を撮影して，他人のプライバシーを侵害したとしても，それは住居侵入罪にあたらないと解される。このような結論を理由付けるにあたっては，次のように論じることができるであろう。すなわち，刑法130条前段にいう「侵入」といいうるためには，その場所に「人」が現実に立ち入ることが必要である。そのような限定を付さないとすれば，猫の首輪に小型カ

メラを取り付けて家屋内に入れて、その様子を撮影する行為も住居侵入罪にあたることになってしまうであろう。このような解釈は、条文において使われている語のもつ限界を無視するものであってとることができないものである。

なお、法的判断に適用される論理法則も、通常の論理法則の一応用事例にほかならず、それに反するものは法的文章としても失格である。このような観点からみて「論理的でない」文章で、しばしばお目にかかるものには、次のようなものがある。すなわち、①そこに根拠として示されているものを前提としたとき、その結論は導かれないはずであるのに、それがいかにも1つの重要な根拠であるかのように提示されている場合、②その前提からその結論は導かれうるものの、そのためにはもう1つ重要な付加的要件が加わらなければならないのに、そのことが意識されておらず、その前提のみからその結論が導かれるかのように主張される場合、そして、③その結論を導くのに不必要な事情が書かれており、その事情が結論を導出するためにいかにも重要であるかのように提示されている場合である。

以上の意味で論理的でない文章の一例をここに紹介してみたい。次の文章は、死刑制度の存廃をテーマとして1人の学生が書いたレポートの一節である。

> **学生A君のレポート**
>
> 　私は、死刑制度はあったほうが絶対によいと考える。その根本的理由は、殺人犯人は他人の生命を否定したのであって、その犯人の生命を法が保護しようとするのは矛盾だからである。また、刑罰の本質についての通説は応報刑論であり、それは現行法の立場でもある。応報刑論に立脚するのであれば、人の生命を奪った犯人はその罪に均衡した罰としての死刑を受けるのが当然であり、死刑を刑罰から除くことはできない。さらにいえば、死刑廃止論は、被害者遺族の被害感情を無視している。死刑の廃止を唱える人は、自分の家族が殺されてもよいと思うのであろうか。家族が殺されても平気な人だけが死刑廃止論を主張できるのである。

学生A君のこの文章は、死刑制度を肯定する立場（死刑存置論の立場）から書かれたものであり、あまり違和感なく読むことができるかもしれない。しかし、

死刑の存廃に関してどういう立場をとるかに関わりなく，これはおよそ論理的な文章ではなく，法的文章としては合格点はつかない。

　まず，書き出しに「死刑制度はあったほうが絶対によい」とあるが，「絶対に」は不要である。絶対にという強調を加えても文章のもつ説得力が強まるというものではない。むしろ大きくマイナスであろう。正解のないこの問題について論じようとするときに，異なった考え方を最初からシャットアウトする頑迷さを読む者に感じさせるからである。次に，「殺人犯人は他人の生命を否定したのであって，その犯人の生命を法が保護しようとするのは矛盾である」というのが死刑制度肯定の根本的理由（根拠）とされているが，その論理を理解することはなかなか困難である。犯人が被害者の生命を否定することと，法が犯人の生命を保護することは別次元のことであり，何ら矛盾ではない（現に，死刑制度をもつ現行法も，死刑判決が確定した人の生命を〔死刑判決の執行との関係を除いては〕完全な保護の対象とする）。ひょっとするとＡ君は，国民は他人の生命を尊重する限りにおいて国の法の保護を受けることができる，とする基本的立場（一種の社会契約説）に立脚しているのかもしれないが，しかし，それも自明の事柄ではなく，さらに理由付けの必要な命題であろう。この部分は論理性を欠いているか，少なくとも大いに説明不足である。したがって，上の①か，または②の意味で論理的でないといえよう。

　また，Ａ君の死刑存置論は，応報刑論もその根拠としている。たしかに，現行刑法が応報刑論をとるものと理解するのが現在の通説であるといえよう。そして，応報刑論がその中核に置く罪刑均衡の思想が死刑肯定の論拠とされることはしばしばある。ただ，「人の生命を奪った犯人はその凶悪犯罪に見合った罰としての死刑を受けるのが当然」というのは相当に雑な議論である。犯人が同じように被害者を死亡させたとしても，現行法は故意の犯罪であるか，過失の犯罪にすぎないかにより刑の重さを大きく区別しているし（刑法199条・205条・210条・211条などを参照），精神障害といった理由で責任を問いえない者であったならば刑罰を科すことはできないとされている（同法39条1項を参照）。このように，人の生命を奪った犯人はその凶悪犯罪に見合った罰としての死刑を受けるのが当然ということにはならない。死刑廃止論は，応報刑の立場とも両立しうる。この部分も，論理性を欠いているか，または説明不足であって，

上の①か，または②の意味で論理的でないといえよう。

　さらに，最後の被害者遺族の感情の問題も死刑制度存廃のテーマとの関連でしばしば言及されるところである。そうであるとしても，自分の家族が殺されてもよいと思うかどうかという個人の感情の問題と，死刑制度の是非という公益レベルの問題とは次元が大きく異なる。これらを直結させると，そこには論理的な飛躍が生じる。「家族が殺されても平気な人だけが死刑廃止論を主張できる」という主張は，裏返せば，「家族が殺されて平気でない人は死刑存置論を主張しなければならない」という主張になる。必ずしもそう言い切れないとすれば，個人の感情の問題と死刑制度の是非の問題とを直結させて論じることはできないことを意味するのである。この部分は，上の③の意味で論理性を欠くと思われる。

8　ここまでのまとめ

　ここまで述べてきたような意味で，書き手の伝えたいことを正確に・平易に・論理的に伝えることは，法的文章が備えるべき基本的性質である。これらの，いわば形式面における条件が充たされるだけで，本書のような，文章作法の指南書の必要性がなくなるほどに，法を学ぶ人の文章の「質」も著しく高まるはずである。逆に，この点がおろそかにされるならば，いくら法律学の学修に努めたとしてもその意義は大幅に減殺される。

　法を学ぶ人がそういう文章を書けるようになるためには，法学分野のものであっても，それ以外の分野のものであっても，すぐれた文章・上手な文章をたくさん読むことが大事である。そして，自分にとっての理想的な書き手を見つけて，そのわかりやすさや説得力が何に基づくものかを見極め，それを真似てみるということが考えられるであろう。それは，「読み手としての意識を鍛える」ことにほかならない（⇨ PART Ⅱ 1 2「読み手意識を鍛える」）。

　次の節（4）では，これまで述べてきたこと（良い法的文章と呼びうるための形式的条件）を踏まえて，法的文章に含まれる法的判断が合理性・正当性をもつためにはどのようなことに留意すればよいかについて論じていきたいと思う。

4 法的判断の合理性・正当性
● すぐれた法的文章の実質的条件

1 法的評価・価値判断が説得力をもつためには

　法的文章は，単に事実関係に言及したり，一定の客観的事態を確認したりするというばかりでなく，その重要部分において，法的評価に関わる規範的命題ないし価値判断を内容とする主張を含んでいる。たとえば，事例問題①が準拠した最高裁判例のケースにつき，最高裁は次のように述べている（前掲最決平成 16・1・20）。

　「……上記認定事実によれば，被告人は，事故を装い被害者を自殺させて多額の保険金を取得する目的で，自殺させる方法を考案し，それに使用する車等を準備した上，被告人を極度に畏怖して服従していた被害者に対し，犯行前日に，漁港の現場で，暴行，脅迫を交えつつ，直ちに車ごと海中に転落して自殺することを執ように要求し，猶予を哀願する被害者に翌日に実行することを確約させるなどし，本件犯行当時，被害者をして，被告人の命令に応じて車ごと海中に飛び込む以外の行為を選択することができない精神状態に陥らせていたものということができる。
　被告人は，以上のような精神状態に陥っていた被害者に対して，本件当日，漁港の岸壁上から車ごと海中に転落するように命じ，被害者をして，自らを死亡させる現実的危険性の高い行為に及ばせたものであるから，被害者に命令して車ごと海に転落させた被告人の行為は，殺人罪の実行行為

に当たるというべきである。
　また，……被害者には被告人の命令に応じて自殺する気持ちはなかったものであって，この点は被告人の予期したところに反していたが，被害者に対し死亡の現実的危険性の高い行為を強いたこと自体については，被告人において何ら認識に欠けるところはなかったのであるから，上記の点は，被告人につき殺人罪の故意を否定すべき事情にはならないというべきである。
　したがって，本件が殺人未遂罪に当たるとした原判決の結論は，正当である。」

　ここにおいては，最高裁は，法的に重要と考える事実を抽出して（⇨5 5），法適用の前提となる事実関係を確定するばかりでなく，それに対する一定の刑法的評価を示し，法的価値判断を行っている（そのことは，「……というべきである」という表現に示されている）。より厳密にこれをみると，原判決（それに対する不服としての上告が申し立てられた控訴審たる高等裁判所の判決）が示した殺人未遂罪にあたるとする判断を最終的に正当としているが，その結論に至るために，①当該の精神状態に陥っていた被害者に命じて自らを死亡させる現実的危険性の高い行為を行わせたのであるから，自殺教唆未遂罪や強要罪ではなく，殺人未遂罪の実行行為にあたる，②犯人において，被害者に対し死亡の現実的危険性の高い行為を強いたこと自体については何ら認識に欠けるところはなかったのであるから，犯人が被害者に自殺意思があると誤信していたことは殺人罪の故意を否定すべき事情にならない，という**2つの規範的命題**を示しているのである。

　このようにして，法的文章の中核は，**法的評価ないし法的価値判断**である。そこで，評価ないし価値判断が主観性・相対性という性格をまぬがれないにもかかわらず（⇨3 4），単に書き手の主観的な信念の表明というのではなく，それを受け取る者に高度の説得力をもつためには，それがどのような条件を充たすことが必要であるのかが問われることになる。

COLUMN 5 手本としての判決の文章

　法的文章にもいろいろな種類のものがあるが，裁判所による判決の文章（これを**判決書**という）は，修練を積んだ裁判官が細心の注意を払って書くものであり，法的文章の頂点に位置するものといってよい。法的文章は，それがどのようなものであっても一定の目的と機能を有するものであるが，判決の文章は，対立する原告と被告（これを当事者という）の間の法的争いに決着をつけようとするものであり，いずれの立場からも納得できる内容であることが期待されている。それは，事件の事実関係を正しく認定し，争点を的確に捉えた上で，それにつき現行法にしたがった妥当な判断を下すものでなければならない（たとえば，刑事裁判の第一審の判決書には，①判決の結論の正当性をそれ自体として示すこと，②訴訟行為を行った両当事者〔被告人・弁護人，検察官〕に裁判所の判断を示すこと，③控訴審における審判の対象を提供すること，④被害者やその遺族を含む事件関係者，さらには，広く国民一般に対して，その判断の内容を説明し，裁判に対する信頼あるいは批判の根拠を提示することという4つの機能があるとされる〔司法研修所編『裁判員裁判における第一審の判決書及び控訴審の在り方』（法曹会・2009）7頁〕）。

　このようにして，法を学ぶ者にとり，判決書は最良の手本というべきものであろう。とりわけ最高裁判所が裁判（＝判決と決定）の理由として示すところ（その1つの例は36頁以下に示した）をじっくりと読み，その文章の流れやリズム，改行の仕方や句読点の打ち方も含めて真似をすることは，読者の法的な文章作法を格段に向上させるはずである。

　実は，法的判断が高度の説得力という意味での合理性・正当性を有するための条件は，必ずしも一定の理屈で決まることではなく，当該分野の法律家の間においてこれまでの長い歴史を経る中で徐々に形成されてきたものである。それは，**法律専門家の間において「文化」のような形で存在し，守るべき約束事は「作法」のようなものとして共有**されている。そこで，法を学ぶ人は，時間をかけてこの専門領域の文化を学び，作法を身に付けることを求められる。

　この種の「文化」と「作法」については，どこかにまとめて文章化されたものがあるというわけではない（そうであったらどんなに楽なことであろう）。本書そのものが，法を学ぼうとする人たちのために，それをまとまった形で言葉により客観化しようとするものであるが，これも1つのささやかな試みにすぎな

い。

　また，もしかりに文章化されたものがあったとしても，それを読んで理解すれば，すぐに文化を共有し，作法を身に付けたことになるというものではない。自転車に乗れない人や，泳げない人が，自転車の乗り方や泳ぎ方についての文章による説明を読んだとしても，すぐに自転車に乗れるようになったり，泳ぐことができるようになったりはしないであろう。以下に述べることも同じである。自ら何度も試しつつ（しばしば失敗からも学んで）実践を通して習得する（すなわち，身体で覚える）ことが必要である。

2　出発点としての現行法規

　現行法の規定は，法律家にとっては共通の基盤であり，それを当然の前提とすることが許される（⇨ 3 7 「『法的論証』の論理性」）。事例問題において問われているケースが，現行法の規定の文言のコアの部分に該当するケースなのであれば，そのことを簡単に述べて，その規定を適用して結論を導けば足りるのであって，格段の実質的理由付けを示すことも要求されない（もちろん，その規定の憲法適合性が問われているときとか，立法論的妥当性を論じることが求められているときなどは，また別論である）。

　逆に，解釈論と立法論とを混同しないことこそが，法律家の基本的な「作法」に属することである。法律家の基本的任務は，現行法規を所与の前提として，これを解釈・適用することである。立法を通じて新たなルールを定立することは，立法者たる国会等の役割である。現行法による拘束を拒否して，自ら正しいと考えるルールにより事件を解決しようとすることは（たとえそれが現行法の解釈を装って行われるとしても）立法者の権限を奪うものであり，法解釈の枠を踏み越えるものと評価される。

　ただ，試験やレポート等で問われるケースについては，現行法たる法令を適用できるかどうかが直ちに明らかであるとはいえないものが多いであろう。いささか図式的であるが，世界的に著名な法理論家の次のような言葉は有名である。「法的ルールには，論議の余地のない意味の核心があるかも知れない。そ

して，あるルールの意味について論争が巻き起こること自体，想像しがたいこともあるだろう。……しかし，あらゆるルールには，不確定で曖昧な周縁部（penumbra）があり，そこでは裁判官には可能な複数の意味からの選択が要求される」（H.L.A. ハート〔長谷部恭男訳〕『法の概念〔第 3 版〕』〔筑摩書房・2014〕38頁以下）。どの法規についても複数の解釈の可能性があり，その意味が 1 つに明確化されるまでは，はたして適用できるかどうかの決着がつかない。そして，試験やレポートでは，複数の解釈の可能性のあるところで，その 1 つを選択することを求められる場合が多いといえよう。

　一般的にいえば，その規定の文言上，それが当該事例に適用できるかどうかわからないときには，適用を肯定するために（あるいは適用を否定するために）**何らかの実質的な根拠が必要**になる。法哲学者の**長尾龍一**は，「富士山理論」を主張する。それによると，「法は富士山のような形をしている。頂上が法の言葉の中心的意味であり，裾野に近づくにつれて，言葉の中心的意味から離れていく。そして，その距離に比例して実質的正当化が要求される」（長尾龍一『法哲学入門』〔講談社学術文庫・2007〕171 頁以下）。一般的なガイドラインとしては，まさにそのとおりであるといえよう。

　法的論証のために重要な**実質的論拠**としては，導かれた結論が具体的に妥当であることがしばしば重要な意味をもっている。**結論の具体的妥当性**は，さらに，①その結論が当該領域の法規制の目的に適合的であること（いいかえれば，当該の法律がまさにそのような事態の実現を目的として制定されていると考えられること），②法が類似の事例についてはそれと同趣旨の解決を示していること（または，他の類似した事例の解決との間に整合性があること），③他の解釈をとると不当な結論が導かれることなどの補強的論拠により，より具体的に論証されうると考えられよう。

3　判例の重要性

　ただ，当該事例に現行法規を適用できるかどうか明らかでないとき，いきなり実質的根拠を持ち出すのではなく，その前に確認・検討しなければならない

ことがある。それは，裁判所がその規定をどのように解釈しているかである。過去の事例の解決に関する裁判所の判断が事後のケースの解決にあたり法的拘束力をもつとき，これを判例という。判例は，法の規定が残している解釈の余地の枠内において法の内容を具体化する限りで，一種の「法」として機能している。そこで，判例は，事例の法的解決にあたり，現行法令に続く第2の手がかりとなる。

判例が「法」として機能する理由は，それが裁判上の先例として，現在および将来の裁判所の判断を一定限度において「拘束」するからである。個別のケースについて裁判所（とりわけ最高裁判所）の法解釈が示されると，将来の同様のケースについても，平等な取扱いの要請から同じように解決されてしかるべきであるとの期待が社会の中に生じる。そして，このような期待は法的保護に値する。裁判所は，法の統一性と安定性，法的取扱いの平等性に対する社会の側の信頼を裏切らないようにするため，それなりの理由がない限り，過去に下された裁判上の先例を尊重し，逆にいえば，それに事実上かなり強く拘束される。判例の拘束力は，「法的安定性および法における平等という法そのものの根本的な要請にもとづく」（団藤重光『法学の基礎〔第2版〕』〔有斐閣・2007〕167頁）ものである。

COLUMN ⑥ 判例とは何か

「判例」という用語は，過去に下された裁判所の判断，さらにはそれを含む判決や決定そのものを広く指す言葉として（したがって，かなり曖昧な形で）用いられることがある。しかし，判例を考えるときに本質的なことは，先例として同種類型の事件の解決にとり拘束力をもつことであり，しかも先例としての拘束力が認められるのは，原則として最高裁判所のそれのみである。「地方裁判所の判例」という言い方がされないのはそのためである（それは，せいぜい「裁判例」と呼ばれる）。

最高裁判所の先例に判例としての拘束力が認められるのは，制度上，上告審である最高裁判所に，最終的な有権解釈を行うことにより法令解釈を統一する機能が与えられていることに基づく。それは，日本国内で，裁判所による法令の解釈がバラバラなものであり続けては困るからである。したがって，判例はくり返され安定すれば（ましてそれが「確立した判例」と呼ばれるようになれば）高度の拘束

力をもつが，反復されないただ1つの判例であっても，最終的・統一的な法解釈を打ち出すことを任務とする最高裁によるものである限り，拘束力を発揮する。戦前・戦中の大審院の判例については，最高裁判例ほどの保障はないが（判例違反が上告理由ないし上告受理申立理由となるのは，最高裁判所の判例が存在しない場合に限られるし（刑事訴訟法405条3号，民事訴訟法318条1項を参照），大審院判例の変更は小法廷においても可能である），かつての最上級裁判所の判例として最高裁判所もこれを尊重するであろうことから，最高裁判例に準じる拘束力が認められる。ちなみに，最高裁判例がまだ存在しない限りで高等裁判所の示した判断に判例としての一定の拘束力が認められる（刑事訴訟法405条3号，民事訴訟法318条1項を参照）が，高等裁判所の判例の拘束力は，最高裁判例のそれとは質的に異なる。

なお，判例について基本から学ぼうとする初学者のための懇切な指南書として，青木人志『判例の読み方』（有斐閣・2017）および池田真朗編著『判例学習のA to Z』（有斐閣・2010）がある。少し法律学の勉強を進めた読者を予定するものであるが，「特集・判例の基本」法学教室461号（2019）も内容が充実している。さらに，専門家向けの総合的な文献としては，中野次雄編『判例とその読み方〔3訂版〕』（有斐閣・2009）が定番の書である。

もちろん，**確立した判例**があるときでも，判例は法令と同じだけの法的拘束力を直ちにもつものではないから，それを指示するだけでは法的論証としてまったく十分でない（⇨PART Ⅲ「根拠を示す」）。特に学説の中に有力な反対説があるときなどにはそうである。そこでは，何らかの実質的論拠（⇨4 2）を示してその結論を（それが付随的論点にすぎないのであれば，あくまでも軽く）理由付けることが必要となる。逆に，確立した判例があるとき，学説の中に有力な反対説があるとしても，判例に反する解釈をとろうとするなら，十分な論拠を示して詳細な実質的正当化を行うことが要請される。そして，それは相当の覚悟を要することであろう（もしその論点が全体からみて付随的な論点にすぎないのであれば，そこでは判例にしたがうことが賢明であると考えられることも多いであろう）。

より一般的にいえば，その**判例の「強さ」「弱さ」**により，実質的論拠を挙げての論証の必要性の程度は決まってくる。広く承認された判例であれば（ましてや，「確立した判例」と呼ばれる程度に至れば），よほどの論拠を示さないと，それにしたがわないことの理由づけとしてはまったく不十分とされるであろう。

これに対し，古い時期のものであることなどの理由で，その拘束力に疑問があり，反対趣旨の下級審裁判例もみられるというのであれば，それにしたがわないことの実質的正当化も容易であり，「軽い」論証でもそれで十分ということが考えられるであろう。

　なお，判例と一口に言っても，その具体的内容を明らかにすることは決して簡単でないことも付け加えておきたい。判例とは，裁判所（特に，最高裁判所）が個々の裁判の理由の中で示した，具体的事件の解決に関する法的判断のうちで，将来に向けて拘束力をもつ部分のことである。裁判の理由中に示された法的判断のうち，先例としての拘束力をもつ「判例」の部分と，それ以外の「傍論」とが区別される（英米では，レイシオ・デシデンダイ〔判決理由ないし主論〕とオビター・ディクタム〔傍論〕とを区別する）。なぜ「判例」とされる一定の部分にしか拘束力が認められないのかといえば，裁判所はあくまで司法機関であり，具体的事件の適正な解決をはかることを任務とするものであって，事例解決を離れて法的ルールを定立する権限を与えられていないからである。事件の争点に解決を与えるに際し理由づけの説得力を高めるため付随的に言及された部分や，仮定の事実について述べた部分は傍論であるし，争点の解決と無関係でないとしても制度の趣旨の説明や一般的・抽象的に展開された法律論も直ちに判例たる資格をもつものではない（「結論命題」のみが判例なのか，それとも「一般的法命題」も判例たりうるのかをめぐる議論については，三好幹夫「判例とは何か」法学教室461号〔2019〕10頁以下を参照〔現在では，後者の見解が通説的地位を占めるに至ったとする〕）。

　法律家にとり判例は，現行法令と並んで重要な法源であり，大きな関心事である。文章に含まれる，判例についての不十分な理解・半可通の知識は，直ちに目につくことであり，その文章を読む者に対し悪い印象を与えるので注意が必要である（⇨PART Ⅲ 6「根拠を示す」2「次に根拠に基づいて自分の意見を示す」）。

4　学説との付き合い方

　法律学の勉強の基本は，必要に応じて六法を開いて条文を参照しながら，そ

して判例にも注意を払いつつ，定評のある教科書を読み進めることである。法を学ぼうとする人は，学説から入り，学説を学ぶことを通じて法を学ぶ。それは何ら間違ったことではない。ただ，そのような勉強をすると，どうしても教科書が「キリスト教徒にとっての聖書」のような位置付けとなり，その著者の見解がそのまま正しいこととして受け取られがちとなる。しかし，考えてみればすぐわかるように，教科書の著者は（いくら権威のある学者であるとしても）一私人であり，その見解は詰まるところ1つの個人的見解にすぎない（学説における通説ないし多数説といわれるものも，専門家集団の多数が意見を同じくするところであり，それなりに重みをもつともいえようが，それでも私人の見解の集積にすぎない）。したがって，それは，現行法令や，司法機関の解釈を示す判例のような公的存在とは，次元の異なるものであり，学説を現行法や判例と同列に扱うことは根本的な誤りということになる。

　判例と学説とを同じレベルに置いてはならないのは，次のことにもその理由がある。裁判所の法判断は，学説とは異なり，抽象的な法律論の選択を内容とするものではない。それは，何よりも具体的事例の解決を意図するものであり，その意味で事実との関連性が重要である。判旨は，事例解決の前提となった事実との関係でのみ正しく理解することが可能であり，それを事実関係から切り離して抽象的な理屈として受け取ることは判例の本質を見誤るものである。ある解釈上の争点につき，学説上，A説，B説，C説という対立があるとき，判例はどの説をとっているかという態度で判例に接し，学説と判例とを同一レベルに置くのは正しいことではない。

　そこで，課題やレポートで事例問題が出され，その事例が判例の射程の及ぶ範囲内にあると考えられるのであれば（すなわち，その事例の事実関係が，判例が先例としての拘束力をもつ事実関係であると考えられるならば），判例と異なる学説の立場にしたがおうとする人は，なぜ判例の見解にしたがわないのかの理由を特に説得力をもって述べることを求められる。他方，そういうときには判例の立場を尊重する解決をとることが「無難」であるとも考えられようが，学説に有力な異論があるときには，やはりその異論にも言及し，それでも判例にしたがう理由をきちんと述べる必要がある。

COLUMN ❼ 学説をあなどってはならない

　学説には学説の存在理由がある。それは、およそ考えうる限りの関連する事例を想定した上で、それぞれの事例の解決の論理的・価値的整合性を検討し、またそれらが法の規定、承認された法原則や基礎理論と矛盾しないかどうかを考え抜くところにある。学説にとっては、事例解決を支える論理をどこまで一般化・抽象化して捉えるかという点において限界は存在しない。また、事例の解決のための法の解釈というだけでなく、学説は、種々の概念を用いて理論体系を構築し、個々の認識や知見をその中に位置付け、相互のつながり・結びつきを明らかにするという重要な任務を担っている（法律学の教科書のことを「体系書」と呼ぶことがあるのもそのためである）。これにより、学説は、実務との関係での補助的機能を営むと同時に、法律にどのような欠陥があるかを指摘し（立法論）、また判例の解釈が実質的に正当かどうかを明らかにする批判的機能をも営む。これらの仕事の重要性はいくら強調しても強調しすぎということはない。判例にこびへつらうような姿勢は卑屈であり、学説を見下すような態度は滑稽である。

5　結論の具体的妥当性と一般化可能性

　法的論証のために実質的論拠としては、結論の具体的妥当性が重要であり、それは、①その結論が当該領域の法規制の目的に適合的であること、②法が類似の事例についてはそれと同趣旨の解決を示していること、③他の解釈をとると不当な結論が導かれることにより補強される。この点については前述したとおりである（⇨ 4 2 ）。しかし、事例の解決は、それが具体的妥当性を備えるばかりでなく、場当たり的であってはならず、一般化可能でなければならない。事例の解決にあたっては、その解決を支える論理が、当該のケース以外に、どのようなケースまで同じ解決を強いることになるか、そして、それは妥当であるかの検討が要求されることになる。解決の論理（解決を支える実質的論拠）の一般化可能性は、法律学にとりまさに本質的な要請である。当該事件の解決が、他の事件の解決と整合的であるかどうか、承認された法原則や憲法の条項等と矛盾しないかどうかにも思いをいたす必要がある（⇨ 2 4 ）。

また，事例解決の論理が一般化可能でなければならないからこそ，事案に含まれる事実のうちで，どの事実が重要な事実であるのかの選別（法的に重要な事実の抽出）が大きな意味をもつことになる。ドイツのある法学入門の教科書には次のように書かれているが，まさにそのとおりであろう。

　法的思考の特徴の1つは，個別の事件のあらゆる具体的な諸事情を勘案した上で最善の解決を求めるのではなく，一般化可能な解決のうちで最善のものを求めるというところにある。それだからこそ，何が重要な事実であるかの判断が，法的思考にとり大きな意味をもつ。多くの細かな事情は「本質的でない」という理由で度外視される。……法律家にとり，一度限りの事例の特殊性を理由とする，普遍性の認められない解決は，まさにまゆつば物である（Gunther Arzt, *Einführung in die Rechtswissenschaft : Grundfragen mit Beispielen aus dem deutschen Recht*（Luchterhand, 1996), S. 6）。

6　ここまでのまとめ

　法的評価ないし法的価値判断を中核とする法的文章においては，それが内容的にも良い文章とされるためには，結論を基礎付ける論拠ないし理由付けがその文章を読む者にとり説得力をもつものでなければならない。論拠・理由付けの良し悪しを評価するための基準は，現行法令および法律学の中において（ある程度）客観化されており，それが説得力をもつために守るべき約束事は，法律家の間で文化ないし作法の形で継承されてきている。説得力ある文章を書こうとするときには，こうした文化を理解し，また作法を身に付ける必要がある。

5

答案やレポートを書くにあたって
● より実践的なアドバイス ●

1 汎用性ある知識と思考力を身に付ける

　ここからは，以上のことを踏まえて，読者の皆さんが試験の答案や課題のレポートを書くときに特に注意すべきことのいくつかを指摘したい。

　法学部や法科大学院の授業において筆記試験を行い，レポートを課すことは，基礎的な学識と法的思考力が身に付いているかどうかを確認するためといえよう。基礎的な学識と法的思考力は，文字どおり基本的なことだけに，広い応用の可能性がある。「汎用性」という言葉がよく使われるが，知識と思考力が汎用的であることはとても重要なことである。法律学に限らず，およそ学問を習得するにあたっては，基本を確実におさえること，すなわち，汎用性のある知識と思考力を身に付けることが必要不可欠である。人間の頭の容量は限られたものであるから，限られた知識でさまざまな問題に対応しなければならないとすれば，どれだけしっかりと基本を体得しているかが大事なこととなる。

　試験やレポートにおける出題者のねらいは，そういう基礎的な学識と法的思考力がきちんと身に付いているかどうかを確認するところにある。その際に，特に事例問題が好まれるのは，法律専門家が実際に直面する場面に比較的近い具体的事例を素材とすることが，基礎的な法的学識と法的思考力が本当に身に付いているかどうかを判定するのに適していると考えられるからである。とはいえ，基本的な最高裁判例のケースそのものとか，どの教科書にも出てくる設

例とかを出題すると，表面的に記憶しておいただけでも一応の合格答案が書けることになってしまう。そこで，出題者は，そのようなことを避けるために，事例を少し変化させたり，複数の設例を組み合わせたりすることにより，**問題に「ひねり」を加える**ことになる。これにきちんと対応できるかどうかで，学んだことが本当に身に付いているかどうか，実際に使える知識になっているかどうかを試すことができるのである。

　答案やレポートを書く側からすれば，この「ひねり」に対応するためには，普段から記憶に頼って覚え込むような勉強をするのではなく，**理解して身に付けるような勉強**をすることが必要である。一夜漬けの詰め込みでは，「ひねり」の前に直ちに馬脚をあらわすことになってしまう。よくできる人の答案やレポートは，伸び伸びと書かれていて，諸事情の変化に対応できる柔軟さ，しなやかな強さといったものを感じさせる。これに対して，できない人の答案やレポートは，言葉の選び方と論理の運びに硬いものを感じさせる。採点しているときに，それでは，こういう事例だったらどうなるのか，と思わず問いただしたくなる。記憶に頼っている人は問題にひねりを加えられるとそれに対応できずに，うっと詰まってしまうことであろう。これはもはや文章作法の問題ではない。普段から，消極的に受容する態度でただ記憶するという勉強法をとるのではなく，何かを読んだり聞いたりしたときに，「それでは，もし事実を変化させて，こういうときだったら，どういう結論になるだろうか」と常に自問自答をしながら勉強を進めるならば，やがて真の法的思考力を身に付けることができるであろう。また，そのことは，「文章を書く基礎体力」の有無とも大いに関係している（⇨INTRODUCTION）。早い時期からフリー・ライティングの訓練をするならば，そうした文章を書く基礎体力を養うことができるであろう（⇨PART Ⅱ 1「基礎体力を付ける」）。

2　論点の重要さ

　事例問題でも，または「刑法上の因果関係について論ぜよ」といった「一行問題」でも同じであるが，そこでは，大小いくつかの，問題として論じられる

べきポイント，すなわち論点の存在が予定されている。そこで，まずはうまく論点を抽出することが求められており，それさえできれば，すでにかなりの点数を得ることができるといってよい（⇨PART Ⅲ　3　2「状況の分析という準備作業」）。

　論点の抽出は，法律家にとりもっとも重要な基礎的な能力の1つである。法律の条文や法律の理論はすべて，何らかの問題（論点）に対する解決を示したものであるから，問題を見抜くところからすべては出発するのであり，まさに「はじめに問題ありき」なのである。論点を見抜けないということは，法律家の基本的資質に欠けているということを意味する。たとえば，一般市民が法律相談のため弁護士のところに行き，「先生，このケースで何の罪に問われますか」と尋ねて，その弁護士が住居侵入罪ですねということで，判例と学説を完璧に説明したとする。でも，後になって強盗も成立することがわかり，「先生，強盗にもなるんじゃないですか」「あーいけない，その論点には気づかなかった」などというようなことでは，弁護士失格といわなければならない。

　答案やレポートを作成しようとする人は，課題において何ら「設問」が示されていないとしても，隠された設問に答えるという心構えで臨むべきである。事例問題とは，設問が明示されていない設問形式の試験問題であるということもできる。隠された設問（すなわち論点）のそれぞれについて答えを与えることが求められている。もし5つの論点のうち3つにしか気づかなかったのであれば，その3つに対し完璧な解答を書いたとしても60点以上の点数はつかないということにもなろう。

3　論点の比重

● 出題者との対話

　しかも，ただ論点をすべて見抜けばよいというものではない。解答を書くにあたっては，論点に配分された比重に対応して記述の比重を配分することが求められる。それほど重要でない論点についてやたら詳しい記述があったり，より大事な論点について薄い内容しか書かれていない答案やレポートは，低い評価しか与えられない。基本が身に付いている人は，その課題についての論点を

すべて抽出できるだけでなく，重要な論点には厚く，ときに熱く論じ，それほど重要でない論点には適度の分量で対応する。ただ結論だけ示せばいいような「小さな」論点にはそっと結論だけ書く。答案の評価にあたっては，そこに書かれている内容も重要ではあるが，論点の比重をわきまえているかどうかというところに，その人の法律学についての理解度・習熟度が示される。

　扱われるべき論点とその重みを決定するのは，第一次的には出題者（＝採点者）である。良い評価を得るためには，出題者が読みたい文章を書けばよいのであり，出題者が予定した論点とその重みに応じた答案やレポートを書くべきである。その意味において，答案やレポートを作成することは「出題者との対話」にほかならない。言語化されていない（隠された）出題者からの問いかけに応じてこれに答えることである。「この点はどう考える」「なぜ」「むしろこうではないか」「それでは，こうだったらどう考えるのか」という出題者からの問いかけを正確に受け止め，これに答えを返すことである。

　よく学生諸君から，X教授は試験でX教授の自説を書かないと合格点をくれない，という話を聞くことがある。かりにそれが本当だとすれば，その教授は教員として失格である（もちろん，X教授にとり，期末試験は，テキストをきちんと読んでいるかどうか，授業にきちんと出席しているかどうかの確認のために行われるものなのであるかもしれない。しかし，それは期末試験のせいぜい副次的な目的でしかありえないであろう）。きちんとした教員であれば，予定された論点とその重みは，その分野の法律専門家が予定するであろうものと一致するはずである。一般的には，①当該法領域の典型的な論点であり，学生の力を試すのに適当なところ，②最近において重要な最高裁判例が出されたところ，③学界・実務界において特に議論が行われているところなどが課題の中心的な論点とされることが多いといえよう。このように，論点の重要性の程度は，法律専門家の間（学界や実務界）での議論の状況や関心の向けられ方に左右される。法を学ぶ人は，その分野における最近の議論の状況にも関心をもつ必要があるが，それは教科書・体系書を熟読したり，授業を注意深く聴くことにより自ずと頭の中に入ってくるはずである。

　論点の比重を見抜くための，まったく別のアプローチも考えられる。それは，事例問題であれば，その事実関係の下で，考え方の違い（判例と学説の通説との

間，または判例・通説と学説の反対有力説との間における対立）により，結論が大きく異なってくる論点であればあるほど，論点としての比重は高く，どういう見解でも結論は変わらない論点であれば，その比重は軽いということである。

4 なぜ論点が重視されるか

　法律学の分野にみられる，論点重視の傾向（「論点主義」）に対しては，強い批判もある。出題者の側は，学説や実務において頻繁に問題とされるような，多かれ少なかれ周知の論点について尋ねるのではなくて，解答者があらかじめ準備していない（準備できない）ような問題を出して基本的な考え方が身に付いているかどうかを試すべきだというのである。法は「自由の味方」ともいわれる。自由を守るため，どれほどの政治的な権力をもつ人に対しても，また，どれほどの社会的な権威をもつ人に対しても，法律家はその知的な力を武器として立ち向かえるのである。それなのに，もし法を学ぶための教育課程が，出来合いの論点について既成の解決を与えるように訓練するためだけの課程になっているとしたら，これほど矛盾したことはない。それは，権力者の顔色をうかがいながら，恐る恐るその人に都合のよい発言をしようとするような不自由な人を訓練する場所にこそ，ふさわしいものであろう。

　しかしながら，論点が重視されるのは，それが解答者の理解度・習熟度をよく示すからというばかりでなく，公平な採点，採点する人によってバラつきの生じない採点を確保するために適しているからである。刑法の試験で，授業中でも取り上げられたことのない応用問題，たとえば，「国際的なテロへの対応にあたり刑法はどのような機能を果たしうるか，また果たすべきか」といった問題が出されたら，読者の皆さんはどう書いていいか見当がつかないであろう。どう書いていいか見当がつかないということは，どう採点していいか見当がつかないということと裏腹の関係にある。およそ試験において本質的に求められることは，その採点が公平であること・公正であることであろう。そこで，専門家の間でもどう答えてよいのか，結論の落ち着きどころがみえないような問題を出すことは躊躇されることになる。

採点が公正・公平であり，採点者の主観的意見や個人的好みにより評価が決まるような問題を避けるとすれば，どうしても当該の法律学の分野で一般に論点とされているようなポイントをいくつか組み合わせた問題が作られるのが一般的となる。

5 事実関係の把握と法の解釈の相互関係

事実問題と法律問題とを区別すべきことについては前に述べた（⇨ **3** 3）。事例問題の解決にあたっては，事実関係の正確な把握こそが法の解釈と適用の前提となる。しかし，現実に事例問題に取り組んでみると，実は，**事実関係の把握と記述が，適用されるべき法規範の解釈ときわめて密接な相互関係**をもつことがわかるはずである。事実の確認（認定）と法の解釈とは，前者が第1ステップ，後者が第2ステップという形でそれぞれ無関係に行われるのではなく，一方で，適用が予定される法規の求めるところに応じて事実を抽出して確定し，他方で，刑罰法規の抽象的表現を事実に向けて具体化するという作業が行われる（そこで，PART Ⅲ 3「組立てを考えて書く」では，答案の書き方の順序を「状況の分析という準備作業」→「規範の発見」→「事実の抽出」→「解決の提示」という形で整理している）。これを「法と事実との間の視線の往復」と表現することがある（しばしば言及される「視線の往復」について詳しくは，井田良「法令の解釈・事実の認定・法令の適用」研修848号〔2019〕3頁以下を参照）。とりわけ将来，法律専門家になろうとする人は，多様な事実の中から，法規の適用に向けて重要な事実のみを抽出すること，特に具体的な事実関係のうちのどこからどこまでが法律上の要件に該当する事実であるのかを正確に切り分けることができなければならない（⇨ EPILOGUE）。

出題者が学生の側に真の学識と思考力が身に付いているかどうかを試してみたいと思うとき，多少の「ひねり」を加えることがあると述べた（⇨ **5** 1）。この「ひねり」は，事例問題における事実関係の設定において加えられることが多い。すなわち，判例の事案やありふれた設例とは異なる事実関係を示して，それに対して適切に対応できるかどうかを試そうとするのである。試験におい

て答案を書く側からすれば，もっとも恐いことは，これまで見たこともない応用事例が出され，それに対しまったく的外れの解答を書いてしまうことであろう。たしかに，採点においては，論点を丁寧に拾っているかということと並んで，その「ひねり」の部分に何とか対応できているかどうかで点数に差がつくことが多い。出題者の側としても，「ひねり」の部分にどう対応できているかを見ることが答案採点にあたっての楽しみでもある。

　答案を書くにあたり「ひねり」の部分への対応として最悪なのは，事実関係を勝手に変えてしまうことである。それに次いでよくない対応としては，問題を意識せずにスルーしてしまうことである。また，少し前までは，刑法の答案において「社会的相当性」という概念がよく使われた。「社会的相当性を欠くから構成要件該当性が肯定される」とか，「社会的相当性がないから違法性阻却が認められない」などといった論証が頻繁に用いられた。これは，答案を書く側にしてみれば，この一言ですべて解決できるのですこぶる便利である。しかし，それはまったく無内容であり，何らの論証にもなっていない。民法の試験において「権利濫用」や「信義則」といった一般条項に安易に依存する答案についても，これと同じことがいえるであろう（また，民事訴訟法の分野における「訴訟法上の信義則」についても同様である）。そのほかに目立つのは，不法行為の損害賠償との関係で「損害の公平な分担という見地に照らし」というフレーズを振り回すことである。それは判例が用いる表現であり，それ自体はおかしくはないが，事案の綿密な分析と検討を省略し，このフレーズのみで理由づけを済ませようとするとき，採点者の側からすれば，それに合格点を与えることは困難なのである。

　一般論としてもっとも評価が高いのは，通常議論される事例との違いをはっきりと意識しつつ，なぜその事例が解釈上困難な問題を提供するのかを正面から論じて，何とか苦し紛れでも一定の解決を示そうと「格闘」している答案である。そういう答案に対しては，採点者は惜しみなくよい点を献上することになる。

6 検討の順序に留意すること

　答案やレポートを書くにあたっては，論点を検討する順序が問題となることがある。検討の順序を間違えると，全体として論理的でない文章になったり，読みにくく何度読んでも頭に入らない文章になってしまうおそれがある。

　たとえば，民法の試験において，高齢の女性が高額の金融商品を購入したという契約書があることから代金を請求されているという事例の検討が求められたとしよう。ここで，いきなりその女性は意思無能力であったのであり，その契約は無効ではないかとする論点に飛びつくべきではない。その前に，その契約書は本当にその女性が読んで作成したものであるかを問題とすべきである。もしそうでなければ，そもそも契約は成立していないからである。検討のための順路は，契約の成立・不成立→成立は認められる→契約の無効・有効の判断……というものでなければならない。たしかにその女性が読んでサインしたものであるから契約は成立しているが，その際にその女性については認知症の症状が出ていたことから契約が無効である可能性を検討する，というのでなければならない。

　さらに，刑法の事例問題では，**複数の行為者が登場**することがしばしばある。典型的には，役割を分担しつつ同一の犯罪の実現にそれぞれ寄与する「共犯」の場合である。**一般的なルール**としては，まず結果にいちばん近いところの行為者（したがって，実行行為者）の刑事責任の検討から出発し，それを明らかにした後に，実行の前段階における関与者（たとえば，共謀共同正犯者や教唆者・幇助者）の罪責の検討に移るべきである。そのように考えるべきことの背景には，現行刑法が，「実行」の概念をキーワードとし（43条本文・60条・61条1項等を参照），実行行為者を処罰の対象の中心に据えているということがある。より実践的には，実行者の行為がどう刑法的に評価されるかということが，それ以外の関与者の刑事責任の検討の際にも前提問題となるか，あるいはそれに相当の影響を与える可能性があることから，実行行為者の罪責の検討を優先すべきなのである。

　教唆犯（刑法61条）・幇助犯（同法62条・63条）の刑事責任が問われる典型例

について考えてみよう。共犯の実行従属性の原則があることから，教唆犯・幇助犯が成立するためには，正犯の行為が現に実行される（未遂が処罰される犯罪であれば，少なくとも正犯に実行の着手が認められる）ことが必要である。たとえば，甲が乙を教唆して殺人を実行させようとしたというケースでは，甲の刑事責任の検討に先立って，乙が殺人の実行行為に出たのか，既遂に到達したのか，予備段階にとどまったのか，そこまでもいかなかったのかを確定しておく必要がある。乙の罪責を問わずに，いきなり甲の罪責の検討から開始することはできない。

　ただ，以上のことはあくまでも1つの原則というにとどまる。どういう順序で検討すればよいかは，事案の性質にも大きく左右される。時系列に沿って，登場人物の行為の法的評価を登場順に検討していったほうがよい場合も少なくない。最初に論じるべきことを最後にもっていったために，途中で何度もその結論を先取りして論じなければならない羽目になる，ということは避けなければならないが，そうでない限りは，読む人の頭にすっと入って，しかも思考経済に反しない（すなわち，余計な重複・くり返しの生じない）検討の順序こそが望ましい（⇨ PART Ⅱ 3「文章作成スタイルをもつ」）。

7　PART Ⅰを終えるにあたって

　以上で，法律の世界における言葉と文章についての総論的な事項の説明を終えることにしたい。法を学ぶ人には，法的文章についてこれだけのことはぜひ学んでおいてほしいという思いから，「文章作法」という枠を越えて，法学概論や法学入門に属することについても言及することになった。抽象的な説明が多く，具体的なイメージを抱きにくい箇所もあったかもしれない。PART Ⅱと PART Ⅲにおける各論的な検討においても，重要なことは（違った角度からであるかもしれないが）くり返し指摘されるはずであるから，PART Ⅱと PART Ⅲを読みながら，また読み終えた後で，遠慮なく PART Ⅰにもどってきていただきたい（⇨ INTRODUCTION）。

PART II 明確な文章を書く

1 基礎体力を付ける
● 日頃からの準備 ●

2 文章技術を身に付ける
● 文，語句，段落，全体 ●

3 文章作成スタイルをもつ
● 計画と点検 ●

PART II では，答案やレポートを書くにあたって，より明確な文章を書くためのポイントを確認しよう。**1** では，日頃から取り組むことのできる準備について考える。**2** では，文章作成で意識するとよい技術をさらう。**3** では，文章作成の過程について考え，自分の文章作成スタイルをもつための方法を検討する。

1 基礎体力を付ける

● 日頃からの準備

1 紙とペンで書く基礎体力

　通常，答案は紙とペンを使って書く。パソコンの文章作成機能を使って書く方法に慣れている私たちにとって，紙とペンで書く作業はそれだけで「しんどい」。いつもと異なる道具を使い，その道具に制約される様式で文章を綴ることが要求されるからである。たとえば，漢字を覚えていないと書けない。送り仮名も正確に覚えていないと正しく書けない。文を後から挿入することができない。段落をまるごと入れ替えることができない，などの制約がある。こうした制約の中で書く「しんどさ」に負けて，答案を書いている途中で「もう，や〜めた」というような気持ちになった経験はないだろうか。書きたい事柄はあるのに，途中で疲れてしまい，考えた内容を書き切ることができない人はいないだろうか。

　紙とペンを使って書く「しんどさ」を克服するには，**日頃から紙とペンを使って書く鍛錬を積む**とよい。つまり，書くための基礎体力を日頃から付けておくのである。答案用紙に似た罫の入った紙を用意し，鉛筆やボールペンなど答案を書くときに使う筆記用具で，書く。書いて，書いて，書く。考えた事柄を言葉にして書く。どんどん書く。

　フリー・ライティングという方法がある。アメリカで使われているブレーン・ストーミング法の1つである。アイディアを洗い出すためのブレーン・ストーミングには，マップ，リスト（箇条書き）などの方法があるが，フリー・

ライティングもその1つである。ただし，マップやリストが個人でもチームでも行える方法であるのに対し，フリー・ライティングは自分ひとりで行うブレーン・ストーミング法である。

　フリー・ライティングでは，考えた事柄をひたすら言葉にし，鉛筆を止めずに書き続ける。文章構成や字の間違いなどは気にせずにどんどん綴る。考えた事柄をそのまま書きつけていくことに意義があるという。途中で鉛筆を止めて考え込んではいけない。思い浮かんだ事柄を即，言葉にし書き続けるのである。こうすることによって，自分の考えている事柄が率直に紙に書かれ，自分が何をどう考えているのかが明らかになるという。

　試してみると，確かに，自分が何をどのように考えているのかが言葉で表現されていき，面白い。ある物事について書いてみると，どんどん考えが深くなっていく過程が自覚されたり，特定の事柄にこだわって話がそこで留まっていることが発覚したりする。逆に，急に話題が転じて，論の飛躍があるとわかったりもする。

　以下は，ライティングの授業で学生が行ったフリー・ライティングでできた文章である。

　フリー・ライティングの例

死刑は廃止すべきか。
死刑は廃止すべきである。最大の理由は、死刑を確定させるのは人間であり、その判断にはミスが伴う可能性が高いからだ。冤罪で死刑になってしまった人が後にいた場合には取り返しがつかない。その可能性が1%でもある限り死刑制度は制度として成立していないように思う。もしも人間が完全に善人と悪人の区別をつけられて、殺人を犯した人がどういう気持ちで行ったのかまで確実に決められるのであれば死刑制度はありうるかもしれないが、そうでないのならば、やはり死刑制度は成立しえない。そもそも殺人を犯した人の中にも死刑になるものと死刑にならないものがいるというのが良くわからない。犯した罪が同じで動機やその後の

フリー・ライティングを体験した学生たちに感想を聞くと，次のようなものが聞かれた。

- ✔ 手が疲れた。
- ✔ 指や手だけではなく，腕も疲れたのでびっくりした。
- ✔ ときどき，鉛筆が止まってしまった。
- ✔ キーワードの羅列のようになってしまうかと思って始めたが，案外，ちゃんと文で書けた。
- ✔ 文で書くので，主語や述語を書かなくてはならず，マップよりもよく考えた。
- ✔ 考えるスピードに合わせて書けるのかと懐疑的だったが，やってみると，書くスピードに合わせて考えているような感じで，案外，思考を整理するのによいと思った。

「手が疲れた」「腕も疲れたのでびっくりした」という感想は，まさに，書くための筋力が弱くなっている証であろう。紙とペンを使って答案を作成するには，手の筋力，腕の筋力が必要なのである。日頃から答案を作成するために必要な筋肉を鍛えておけば，少なくとも手が疲れたという理由から不本意な答案を提出しなくて済むようになる（⇨PART Ⅲ 1「まずは書き切る」）。

「案外，ちゃんと文で書けた」「文で書くので，主語や述語を書かなくてはならず，マップよりもよく考えた」という感想は，フリー・ライティングが思考を緻密に展開させることに役立っていることを物語っている。マップやリストは，文を書いて作成することもできるがキーワードだけで作られる場合が多い。そのため，語句あるいは修飾語のついた語句が紙に記される。語句だけの関係を考えることになる。しかし，文で書くフリー・ライティングは，主語と述語の関係が特定される。また，文と文との関係にも意識が向けられることになる。前の文の結果なのか，例示なのか，前提なのか，などの関係である。そのため，より緻密な思考が言葉として反映される。

「書くスピードに合わせて考えているような感じ」だったという感想は，答案を書いている最中の状況と似ている。せっかく多くの事柄を考えていても，書くスピードが追いつかなければ，答案は考えの一部分を表したものに終ってしまう。考えるスピードと書くスピードが一致する感覚がもてるよう，書くスピードを日頃から上げておくことは有効であろう。

フリー・ライティングを体験した学生たちによる感想から、フリー・ライティングがいかに書くことの基礎体力を養えるものであるかがわかった。本来はアイディアを掘り起こすことが主な目的であるフリー・ライティング法ではあるが、この方法を使って書くことの基礎体力を鍛えておこう。書きたい内容がたくさんあるのに答案に書くとなると途中で疲れてしまうという事態を避けよう。

　紙とペンさえあれば、いつでも取り組むことのできる準備である。過去の問題集から課題を選んで想定し、時間を自分で決めてやってみるとよい。だんだんに課す時間を増やすなどして、体力を上げていく工夫ができるだろう。ちなみに、アメリカの作文評価調査で、綴り（日本では字）の綺麗さが微妙に評価に影響しているという結果を出しているものがあった。日頃から紙とペンで書く鍛錬を積んでおけば、字もより綺麗に力強く書けるようになるであろう。

●練習▶ 1

　フリー・ライティングをせよ。

設問❶：今後、起きるかもしれないパンデミックに備えて、日本は、どのような準備をすべきか。

設問❷：日本では、合計特殊出生率（1人の女性が一生に産む子どもの平均数）の向上が叫ばれるなか、女性の社会進出を促進させる動きがある。両者は矛盾しないか。

設問❸：うっかり友人の保証人になって、借金の肩代わりをさせられ、家計が破綻したり、自殺したりする人が出ている。そこで、個人保証というものは良くない、という意見がある。しかし、保証がなければお金を借りることができない場合もある。個人保証という制度の存廃について、どのように考えるべきか。

2　読み手意識を鍛える

　答案やレポートは、読み手が評価するために書かれる文章である。答案やレポートの読み手は、書き手の考えた過程と考えた結果を読んで評価を下す。し

たがって，当然のことながら，読み手がよくわかり納得するような文章を書くことが重要である（⇨PART Ⅲ 31「他人に読んでもらうという前提」）。しかし，答案やレポート，とりわけ答案用紙に文章を綴っている時には，知識を総動員して的確な解を考え，それを文字に綴ることに意識が集中しがちである。読み手がどのように読むかまで，なかなか神経が行き届かないものである。

　文章作成力と読み手意識の関連を探る研究では，文章作成力の高い人ほど読み手意識も高いという相関が明らかになっている。つまり，書いている最中にどれだけ読み手の目をもって文章を作成することができるかで，文章の良し悪しが左右されるのである（⇨PART Ⅰ 36「ここまでのまとめ」）。

　そもそも，書き手でありながら読み手を意識するとはどのようなことか。自分自身の中に，書く人と読む人の双方が存在する感覚といってもよいかもしれない。書きながら読む，読みながら書き進める，という意識ともいえる。常に自分の文章を読み手の目線で追い，どう読まれるかを意識する感覚である。

　この読み手意識は，他者の書いた文章を読みながら研ぎ澄ますことができる。他者の文章を読む際に，何が書かれているかを読み取るだけでなく，どう書かれているかを読み取るのである。「ああ，このキーワードがあるからこの文章はわかりやすいのだ」，「この人の書く文章には，構成にこのような仕掛けがあって，それがわかりやすさにつながっている」などの気づきを得ながら他者の文章を読むのである。もちろん，わかりにくさの指摘であってもよい。

　ペンを片手に読む習慣は，読み手意識を磨く助けになるだろう。たとえば，ページの右側には内容に関する書き込み，ページの左側には書かれ方に関する書き込みをすることができる。すぐれた読み手は，常に内容を頭に入れながら並行して書かれ方をも追っている，という調査結果もある。すなわち，内容と書かれ方という種類の異なる読みを同時に行っているのである。そして，読み方の種類は，おそらく，すぐれた読み手ほど複雑になるのではないだろうか。たとえば，内容とともに構成を読み取り，さらに語句などの表現にも注意を払うことができる人はすぐれた読み手であろう。こうした読み取りに対する気づきを，手を動かして何らかの形で記入しながら読むのである。

　右は，書かれ方に対する気づきを欄外に記入しながら読んだ例である。

書かれ方に注意して読み 読み手意識を鍛える

社説 Editorials

裁判員裁判 死刑と向き合う機会に

くじ引きで選ばれた国民たちが下した選択によって、命が絶たれる。死刑をめぐる状況は新たな局面を迎えた。

川崎市で3人を殺害した津田寿美年・死刑囚の刑が執行された。市民が裁判員を務める制度のもとで死刑が確定した7人のうち、初のケースとなった。

評議は6日間に及んだ。刑罰の意味、遺族の思い、本人の更生の可能性など、言い知れぬ重みを背負った末の結論だったばかりか、市民が裁判員として携わった各地の裁判で死刑に関わった裁判員から「精神的につらい」と語っていた。同様の声が死刑判決に関わった各地の裁判員から聞こえてくる。心のケアをさらに充実させる取り組みが欠かせない。

その一方で、裁判員が死刑求刑事件について判決を下すこと

〔意見〕 裁判員の負担
〔見出し〕
〔イントロ〕

大きいくくりだと ここが 導入的役割も。
裁判員として何かするならば 情報公開を許利とるか、もっと何かすべき、という意見と印象を

〔理由〕

もあるという仕組みから、私たち国民は逃れるべきではない。

そもそも国家権力が人を裁き、聞くことができるのは、主権者である国民の負託を受けて、執行する刑務官らの手続きを、これまであまりに多くの実務に負わせ、大多数の国民の認識から遠ざけてきた。

だが、刑の執行であり、その究極の表れが死刑である。

刑のあり方を決めているのは国民だ。

内閣府が今年1月に公表した世論調査によれば、約80%にのぼる。それでも裁判員たちが苦しむのは、「人の命を奪う」という死刑の本質に当事者として直面しているからだ。

死刑と向き合うという経験を通じ、是非を考えていくことが大切だろう。裁判員制度をそうした機会にしていくためにも、裁判員の経験

〔意見の肉付け〕

日本とアメリカの比較から 問題点の抽出 (と理由の補強)

を市民ができるだけ共有できる仕組みが必要だ。加えて、国による情報公開が欠かせない。

先進国の中で死刑を続けているのは米国と日本だけだが、米国では遺族やマスコミに執行の場を公開している。プロの刑務官ですら実態と検察官ら、裁判官から刑場で立ち合う死刑囚はどんな最期の日々を送るのか。執行の順番はどう決まるのか。裁判所の評議室に集まった誰もよく知らないまま、何をどこまで議論しているのだろうか、と"まさに裁判員制度を法務省に求めた「市民感覚」ゆえだろう。

た求めに法務省は応じぬまま、今回の執行に踏み切った。「裁判員は与えられる情報だけ知ればいいのか」との経験者たちの憤りを放置してはならない。

2015・12・28

2015年12月28日付 朝日新聞朝刊より

常に書かれ方をも意識しながら文章を読む癖ができると，その意識が文章を書く際にも転用される。私事になるが，筆者が運営している大学ライティング・プログラムでは，文章作成指導の素人であるさまざまな領域の院生を集めてチューターとなるためのライティング研修を行う。研修を経るうちに，院生たちが必ず言うことは，だんだんに読み手の目線で書けるようになるという点である。たくさん書くという訓練もさることながら，院生同士で文章を批判しあうという活動を繰り返すうちに，読み手意識が強くなるようである。書くだけで精一杯だった段階を経て，書き上げてから読み手目線で修正する段階も通り，最初から読み手の目線で書けるようになるというのである。

　皆さんも，日頃から他者の文章を読みながら批判的検討を繰り返していれば，答案やレポートを書く際に自然と読み手を意識できるようになるであろう。読み手意識は，紙とペンで書く体力と併せて，文章作成の大切な基礎体力である。

練習 2

　ペンを持ち，新聞の社説を読みながら，書かれ方に関する気づきを得た箇所に印をつけよ。

文章技術を身に付ける

● 文，語句，段落，全体 ●

　本節では，まず，言葉と思考の関係について考える。そして，言葉と思考の関係を踏まえ，答案やレポートを作成する際に知っておくとよい文章技術を紹介する。どのような点に留意するとより明確な文章ができるかを考える。文，語句，段落，全体の順に考えていく。

言葉と思考

　皆さんは，言葉と思考はどのような関係にあるかを考えたことがあるだろうか。「まず考えて，それを言葉にすれば文章ができる」と考えている人は多いかもしれない。「思考は複雑なので，なかなか言葉にできない」と感じている人もいるだろう。「ある言葉から急にイメージが広がって，それまでわかっていなかったことが見えた」という体験をもつ人がいるかもしれない。筆者は，学生時代には，単純に，思考を言葉に翻訳すると文章ができあがるものだと考えていた。

　複数の言語学者が，20世紀に入ってから，思考は言葉に規定されるという考え方を提唱した。この出来事は，従来の認識を逆転させたので，「言語論的転回」と呼ばれている。たとえば，**サピア**（Edward Sapir, 1884-1939）は，次のように説明した。

　　人間は客観的世界にだけ生きているのではないし，またごく普通の社会的活動の世界にだけ生きているのでもない。むしろ人間こそ，自己の社会の表現手段となった言語に，大きく左右されていると言える。人間は，言語を用いずとも，本質的に現実に

適応するから，言語というものは，伝達や内省といった特定の諸問題を解決するための単なる偶然の手段にすぎないと考えることは，まったくの誤解である。つまり現実世界は，特定集団の言語習慣の上に相当な程度まで無意識的に構築されているのである。(平林幹郎『サピアの言語論』〔勁草書房・1993〕200頁)

サピアは，「現実世界は，特定集団の言語習慣の上に相当な程度まで無意識的に構築されている」という。現実世界は，使用する言語に規定されているというわけである。また，**ウィトゲンシュタイン**(Ludwig Wittgenstein, 1889-1951)は，次のように述べた。「思考は本質的に記号を操作する活動である」と。言語は，数字と同様，記号である。すなわち，ウィトゲンシュタインは，私たちは言葉を操作することによって思考をしているのだと述べている（ルートヴィヒ・ウィトゲンシュタイン〔黒崎宏訳・解説〕『「論考」「青色本」読解』〔産業図書・2001〕11頁)。

図1 ● 言葉が思考を規定する,「言語論的転回」の考え方

言語論的転回の考え方に従えば，私たちは言葉を使って思考をしているのであり，私たちの世界は言語習慣すなわち言葉や言葉の使い方に支配されているのである。

本節の内容は，この言語論的転回を前提とする。つまり，**言葉の使い方を鍛えることによって思考を鍛えよう**とするものである。〈どのように書くか〉，すなわちウィトゲンシュタインのいう，どのように「記号を操作する」かを検討することによって，〈どのように考えるか〉を鍛えようとするものである。

答案やレポートを書く際にも，したがって，考えがよければ自ずと文章はよくなると思わず，よい文章を書こうとすることによってよい解を示すことがで

きるという発想で取り組んでほしい。明快な言葉の使い方によって，明快な解が生まれるのである。

文章の産出

ここで，文章がどのようにして決定されるかについて考えてみよう。

アメリカのレトリック学者，**ケニービー**（James Kinneavy）は，「テキスト（Signal）」を産み出す要素は，「発信者（Encoder）」と「受信者（Decoder）」と「現実（Reality）」であるとし，これら3つのあり方がテキスト（文章）を決定すると述べた（James L. Kinneavy, *A Theory of Discourse* (New York：W. W. Norton & Company, 1971), pp.48-72）。下が，3つの要素によってテキストが産出され決定されることを示した図である。

図2　ケニービーによる，テキストを決定する3要素

同じ発信者（この場合は，書き手）が同じ受信者（同じく，読み手）に対して文章を書くとき，現実が異なれば，当然テキスト（同じく，文章）は異なってくる。同様に，同じ書き手が同じ現実について書くとき，読み手によってテキストは異なるものとなる。たとえば，ある大学院生が，同じ日本の法制度の特徴について説明するとき，法学の専門家に向けて発表する文章と，一般の人に向けて発表する文章とでは，使う語句も文の構造もだいぶ異なってくるであろう。

そして，とりわけ法律に関する文章の大部分の場合においては，現実，言い換えると話題に文章が規定される度合いが大きい。答案やレポートの場合には，もちろん出題という仕方で話題が設定されてしまっているし，そうでない場合も法令の内容を前提に論じなければならなかったり法律解釈の方法として受け

容れられている思考方法に則らなければならなかったりする。

　私たちが文章を産出する際，すなわち文章を書く際には，したがって，**読み手が誰であるか，話題が何であるのか，自分の立場はどうであるのかを考慮して言葉を綴る**ことになる。対象をどう説明するかという内容，語句の選定，文や段落の構造など，すべてにおいて文章はこれらの要素に規定されるのである。

COLUMN ⑧ 法律家にとってのケニービーの三角形

　三角形の3つの頂点である発信者・受信者・現実のうち，まずは法律家または法律家を志す人を発信者のところに置いて考えてみよう。そこで考えることは，法律家を志すということでなくても，法律を学ぶ人であれば，多くの場合にあてはまる。発信者に身を置いてみるとして，向き合う現実は，実際の事件であったり，試験問題であったりする。相対的に，試験問題のほうが，事実関係が整理して示され，何を論ずればよいかも，ある程度の方向が提示される。実際の事件は，ゼロから整理して始めなければならない。現実にあたるもののなかで，少し変わり種のものには，〈立法論〉というものもある（⇔ PART Ⅰ 44 COLUMN ❼「学説をあなどってはならない」）。ほとんどの場合に実際の事件も試験問題も，現行の法律を適用するとどうなるか，ということが問われる。法律はこうなっているけれど自分は賛成ができない，といった議論は許されない。これに対し立法論は，法律を改めるとするとどうしたらよいか，を考える。この違いは大きい。

　受信者も，法律の専門家である場合は，受信者に語りかける言葉も専門用語を用い，精密に説明する必要がある。受信者が一般の人であれば，当然のことであるが，わかりやすい説明が望まれる。

　三角形でもう1つ考えておこう。実は受信者には，法律を学ぶ私たちがなることもある（頭がクラクラして混乱してきた皆さん，ゆっくり考えることでよいのですよ）。発信者は，立法者（リアルには法文の起案者）である。法制執務には，法文の作り方について，接続詞の用い方や表記について，積み重ねられてきた約束がある。内閣法制局や議院法制局で仕事をするなど発信者の立場にならない限り，それらを完璧に使いこなすことができる必要はない。しかし，一定の約束で成り立っていることを理解していると，よく法文を読みこなすことができる。

1 文を整える

1つの事柄を1つの文で述べる

　○○は，△△である。この形を，論理学では命題という。世界中の言語は，すべて主部と述部からなる文で構成されている。主部と述部を最もシンプルな形で示したのが命題である。

　人は命題で考えるため，思考の基本単位は文である。語句や段落ではない。**宇佐美寛**は，文章作成において文を単位とする考え方を次のように提唱する。

> 文章にとって必要不可欠の単位は（sentence）である。論理的文章において，文は判断内容を示す命題を表現したものである。文章は文の組織体である。これに対し，段落（paragraph）は文章の読み書きのための技術的便宜にすぎない。どうしても必要というものではない。（宇佐美寛編著『作文の論理──〔わかる文章〕の仕組み』〔東信堂・1998〕96頁）

　宇佐美は，「文章は文の組織体である」という。つまり，文が積み重なって文章ができる。そのため，明確な文が書けていなければ，すなわち文章を構成する単位そのものが不明確であったなら，文章全体はしっかりとしたものになりえないのである。

　ところが，学生たちの書くレポートを見ていると，長い文がとうとうと続く文章が多い。何を隠そう，恥ずかしながら筆者自身も，学生時代はたくさんの事柄を続けて書き連ねた文がよい文章を作ると信じていた。3行も4行も連なる文を書いて御満悦であった。文が文章の単位であると知って，書くという行為がいかに思考する行為と一体であるかを学んだ次第である。

　1つの事柄を1つの文で述べることを「一文一義」という。多くの事柄を1つの文で述べると「一文多義」となる。ただし，どこまでを「一義」とするかは書き手の判断による。説明している対象や，文章の流れ，論点の数など，状況を考慮した判断が求められる。書き手の意図が最もよく読み手に伝わるように，「1つの事柄」の範囲を決めるのである（⇨PART Ⅲ 1「まずは書き切る　次に工夫をする」）。

COLUMN ❾ 法を学ぶ人はバイリンガルであれ

　通常の文章において求められる平易さ。そこをまず皆さんには身に付けてほしい。そうしたら，次に法律表現における表現の約束も知ってほしい。この2つの言語は，まったく乖離しているものではないし，まったく異なるということでも困る。しかし，法律は社会統制の技術であり，的確にルールや解決を伝えるために特別の工夫がされていることもみられる。それに従って法律家と話し，その一方で，一般の人々とのコミュニケーションは，普通にする。この塩梅を知ってほしい。

　例を挙げよう。「幼稚園児は，保護者が同伴するときを除き，この運動施設を利用することができない」という文が第1条であるとする。通常の言葉の平易さにおいては，「幼稚園児は，この運動施設を利用することができないことが原則である。例外として，保護者が同伴している場合は，利用することができる」とすることが奨められることであろう。しかし，法律表現においては，1つのルールを完結して提示するために1つの文を用いるということが許され，ときに要請されもする。これもまた法律表現における特殊な仕方での一文一義であるとみることもできる。

　もちろん，むやみに読みにくい文章にすることを避けるべきであることは法律表現においても異ならない。1つの条において，「幼稚園児は，この運動施設を利用することができない。ただし，保護者が同伴するときは，この限りでない。」としてもよい。この場合において，第1文を「本文」と，第2文を「ただし書」とよぶ。第2文は，逆接でなく，例外の提示であるから，接続詞は「しかし」でなく「ただし」を用いる。そして，ただし書には主語を掲げないことが多い。ただし書を用いる場合は，主語が本文と同じであることが前提であり，そのために主語が省かれる。また，述語も，「この限りでない」などとし，「この運動施設を利用することができる」と書き下すことをしない。主語と述語のいずれの点も，やや不親切であると映るかもしれないが，むしろ饒舌になることを避け，できるだけ簡潔に，もっというならば可能な限り寡黙を保って伝えようとすることにより，本文の例外則を提示していることを誤解なく伝えようとしている（⇔ 2 3 COLUMN ❿）。

　なお，原則と例外を書き分けることは，民事裁判の規範表現においては，主張立証責任の所在についての原則的な指針を示す意味ももつ。運動施設の受付を訪ねた幼稚園児の親のほうが，「私が付き添っていますから，使わせてください」と説明する役割を担うのであり，受付の係員のほうが一所懸命に保護者の有無を確かめる必要はない。

　もし運動施設のルール・ブックで保育園児も同じに扱うということにする場合

は，どうするか。「保育園児も，幼稚園児と同じにする」などとやってはいけない。何が同じであるか，わからない。料金が同じですね，とか，同じ深さのプールを使うということですね，などといった種々の誤解を招く。こういうときは，「第1条の規定は，保育園児に準用する」とする。「準用」とは性質に反しない限り同じルールを用いる，という意味であり，これにより，「保育園児は，保護者が同伴するときを除き，この運動施設を利用することができない」というルールが導かれる。法律を学び始めたばかりの人たちからは，ときに準用規定は煩わしくて親しむことができないと評判がよくないが，これも明瞭にルールを伝達するための工夫である。慣れていただきたい（⇨ PART Ⅰ 3 5「文章の平易性と論理性」）。

❶ 主語を明確に示す

1つの文で1つの事柄を書くと，文章においてどのような利点があるだろうか。

次の例文を用いて考えよう。

> 甲はAに対して強盗行為を行った後，いったんA宅を出てから，しばらくしてA宅にもどり，再び暴行を加えているため，もはや強盗の機会における暴行から傷害の結果が生じたとはいえないのではないかが問題になる。しかし，甲はA宅を出る前にAを縛りあげており，Aは身動きができない状況であり，それを利用しているので先の強盗における状況がいまだに継続しているととらえることができる。そこで殴る蹴るの暴行により，Aは重傷を負っており，強盗の機会において相手方に傷害を負わしており，この暴行により，強盗致傷罪の成立となる（刑法240条）。

この文章は，3つの文で構成されている。わかりにくいのが第2文と第3文である。第2文と第3文を，1つの事柄ごとに文を区切って箇条書きにすると次のようになる。主語のない部分は【　】で補った。

しかし，甲は……Aを縛りあげており，
Aは身動きができない状況であり，

【甲は】それを利用しているので
　　　先の強盗における状況がいまだに継続しているととらえることができる。
　　　そこで【甲の】殴る蹴るの暴行により，
　　　Aは重傷を負っており，
　　　【甲は】強盗の機会において相手方に傷害を負わしており，
　　　この暴行により，【本件は】強盗致傷罪の成立となる。

　この文章のわかりにくさの１つは，主語が省略されていることからくる。省略された主語を【　】に補ってみると，「甲は」「Aは」「甲は」「本件は」と，多くの文節で主語が省略されていることがわかる。読み手は，これらの主語を推測しながら読まなければならず，負担を感じる（⇨ PART Ⅲ 9「長すぎる文の危うさ」1「どのような危うさか」，2「長い文は誤りか」）。

　異なる主体が一文の中で混在していることも，この文章のわかりにくさである。「甲は……Aを縛りあげており，Aは身動きができない状況であり，甲はそれを利用しているので先の強盗における状況がいまだに継続している」と，主体が文の途中で入れ替わっている。上で取り上げなかった第１文においても，主体が「甲」と「本件」で混在している。

　日本語は，主語が省略できるという，便利な言語である。しかし，このように一文の中で異なる主体を混在させながらその主体を表す主語を省略させて書くと，誤解のもとである。

　主語を明確に示し，上の例文を第２文目から書き直してみよう。書き直し方はさまざまあるだろうが，次は一例である。

　　　……甲はA宅を出る前にAを縛りあげており，Aの身動きができない状況を利用してさらなる暴行を加えている。そこにおいては，先の強盗における状況がいまだに継続していたと見ることができる。甲は，殴る蹴るの暴行により，Aに重傷を負わせた。甲は，「強盗の機会」における暴行に基づき相手方に傷害の結果を生じさせたことになる。これにより，甲には強盗致傷罪が成立する（刑法240条前段）。

この文章では，甲に強盗致傷罪が問われるか否かを問題としているので，主体は甲である。そこで，「Aは身動きができない状況であり」というAについての記述を甲が主体となるように「Aの身動きができない状況を利用して」と改めた。「殴る蹴るの暴行により，Aは重傷を負っており，」も，「甲は」と主語を明示し，前の文と同様，Aについての記述を甲が主体となるように改めた。「甲は，殴る蹴るの暴行により，Aに重傷を負わせた。」とした。こうして，「甲は」という主語を明示して，3文を5文に改めた。
　このように文を事柄ごとに区切ってみると，主体を自覚しやすくなる。そして，明確な主語を示すことができるようになる。
　文を事柄ごとに区切って主語を自覚すると，<u>主述のねじれを防ぐ</u>こともできる。「○○は，△△である」という，文の基本構造を意識しやすくなるからである。
　次は，ねじれた文の例である。

> 麻酔から覚めたかどうかの確認は，他の部局から急遽呼ばれた看護師であったため，縫合後すぐに帰ってしまった。

　この一文には，主体が2つ含まれる。「確認」と「看護師」である。「すぐに帰ってしまった。」という述部に対する主語は「看護師」であり，「確認」という主語に対する述部はない。主体ごとに文を分け，主語を明確にすると，以下のようになる。

> 縫合後，他の部局から急遽呼ばれた看護師は，すぐに帰ってしまった。
> 麻酔から覚めたかどうかの確認が行われたか，不明である。

　主述のねじれは，文が長く複雑になるほど起きやすくなる。そのため，まずは，主体を自覚し，主語を明確に示すようにしよう（⇔ PART Ⅲ 9「長すぎる文の危うさ」）。

主語を自覚し、一文一義に修正せよ。

> この暗証番号は、財物とはいえないが、銀行のカードと暗証番号を用いればかなり高い確率で預金を引き出すことができるため、現金の占有があるといえ、Aの意思に反してその占有を自らの権限に移していると考え、強盗罪が成立する。

2 長い修飾を独立させる

次の一文は、どこがわかりにくいだろうか。

> 甲は、8月30日の深夜、金品窃取を目的とした立入りにつき居住者による許可のないA方に侵入しており、自己の支配領域である自宅にいつ誰の立入りを許可するかというAの自由を侵害したといえる。よって、甲に住居侵入罪（刑法130条前段）が成立する。

この文には、長い修飾部分が2か所ある。
〔金品窃取を目的とした立入りにつき居住者による許可のない〕A方
〔自己の支配領域である自宅にいつ誰の立入りを許可するかという〕Aの自由

修飾部分は、いったん読み手の思考を止めて特定箇所についての説明をする。いったん止まって挿入された箇所を理解するという負担が読み手にかかるのである。そこで、**修飾部分が長い場合は、修飾部分を独立させる**とよい。文の主旨を先に述べて文を閉じ、後から修飾部分を補足するのである。

> 甲は、8月30日の深夜、A方に立ち入った。その立入りは、金品窃取を目的とし、居住者による許可のない行為であった。居住者は、自己の支配領域である自宅にいつ誰の立入りを許可するかという自由をもつ。甲は、Aのこの自由を侵害することにより、住居侵入罪（刑法130条前段）にあたる行為を行ったものである。

練習 4

修飾部分を独立させて，文を分けよ。

設問❶：文章を書く際に，人は，様々な事柄が複雑に絡みあっている事象の全体像から個々の事象を整理する思考と同時に何に着目して誰を主体にしてどのような順序で書いたらよいかという文章計画の思考を進めなくてはならない。

設問❷：本稿が食品安全性に関する法律相談の内訳とその推移に着目するのは，各地における消費者団体の結成や消費者センターへの申立件数の増加等の，目に見える形での食品安全性に関するリーガルニーズが高まりをみせているからである。

3 引用を独立させる

文の中の修飾部分と同様，文の中の引用部分も，**独立させる**と読み手には負担が軽くなる。たとえば，次の文は，どのように修正できるだろうか。

> 著作権者の許諾を受けずに著作物を複製することは禁じられているが，例外的場合もある。その一例として，著作権法35条1項本文は，「学校その他の教育機関（営利を目的として設置されているものを除く。）において教育を担任する者及び授業を受ける者は，その授業の過程における利用に供することを目的とする場合には，その必要と認められる限度において，公表された著作物を複製し，若しくは公衆送信（自動公衆送信の場合にあっては，送信可能性を含む。以下この条において同じ。）を行い，又は公表された著作物であって公衆送信されるものを受信装置を用いて公に伝達することができる。」と規定し，複製権を制限している。

上の文は，9行にわたる。途中で条文を引用しているため，条文が地の文の中に挿入された形である。つまり，2つの文が入れ子の構造になっている。引用された文がいったん終結しても，読み手は地の文の出だしを思い出して次をつなげて読まなくてはならない。これが負担となる。引用された文が2文，3文となったときには，地の文の主部と述部が遠く離され，負担はさらに大きくなる。

地の文をまず言い切ろう。それから引用部分を書けばよい。その際に役立つのは,「次の」という文言である。

　著作権者の許諾を受けずに著作物を複製することは禁じられているが,例外的場合もある。その一例として,著作権法35条1項本文は次のように規定し,複製権を制限している。

　　学校その他の教育機関（営利を目的として設置されているものを除く。）において教育を担任する者及び授業を受ける者は,その授業の過程における利用に供することを目的とする場合には,必要と認められる限度において,公表された著作物を複製し,若しくは公衆送信（自動公衆送信の場合にあっては,送信可能性を含む。以下この条において同じ。）を行い,又は公表された著作物であって公衆送信されるものを受信装置を用いて公に伝達することができる。

「次のように規定し,複製権を制限している。」と地の文を切り,それから引用している。全体は3文になり,入れ子構造が外されたため,読みやすい。このとき,引用部分の後に,句点（「。」）が付けられている。引用部分自体が,独立した一文であることを示す。次のように,文末でもう一度,文末で引用部が何を指すかを説明する書き方もわかりやすさにつながる。

　「……複製することができる。」という規定である。

　出版物によっては,表記上のルールとして,括弧内に引用した文章の末尾のみ句点を打たないという書き方もある。その場合は,文章全体で統一させる（本書もその例である）。

　引用を独立させて,文を分けよ。

北川は，長い条文をどうすればわかりやすく読めるかという質問に，「①まず，かっこ書きを飛ばして読む」，「②次に，主語と述語を押える」，「③条件を整理する」，の３点を回答として挙げている（北川統之「条文の読み方Q&A」刑政1453号〔2013〕101-103頁）。

❹ 文を単位として修正する

　１つの文で１つの事柄を書くと，他の利点はあるだろうか。次の例文を用いて考えよう。

> 　強盗罪（刑法236条１項）が成立するためには，相手方の反抗を抑圧する程度の暴行又は脅迫を用いて他人の財物の占有を奪取すること，及び，暴行・脅迫と被害者における反抗抑圧と財物の占有移転との間にそれぞれ因果関係があること，そして主観的構成要件要素として一連の行為のつながりと結果についての故意，最後に書かれざる構成要件要素として不法領得の意思が必要である。

　この文章は，６行にわたる１つの文で書かれている。主部である「強盗罪（刑法236条１項）が成立するためには」を頭において６行を読み続けなくてはならない。つまり，読み手に負担がかかる文章である。読み手への負担ばかりではなく，書き手自身も，いくつの事柄を述べたのかという自覚が薄くなるであろう。

　この書き手は，強盗罪（刑法236条１項）が成立するために必要な要件を４つ挙げた。分解して番号を振ると次のようになる。(1)相手方の反抗を抑圧する程度の暴行又は脅迫を用いて他人の財物の占有を奪取すること，(2)暴行・脅迫と被害者における反抗抑圧と財物の占有移転との間にそれぞれ因果関係があること，(3)主観的構成要件要素として一連の行為のつながりと結果についての故意，(4)書かれざる構成要件要素として不法領得の意思，の４つである。(1)と(2)の終わりにはそれぞれ「こと，」があり，かつ間に「及び，」とあるので区分がわかる。(2)と(3)の間にも「そして」というつなぎ言葉があるので，区分されていると推測される。(4)は「最後に」で始まるので，新しい要件であろうと予測できる。かろうじて４つの要件が書いてあると判断できる文である（ただし，こ

の文では，不法領得の意思も主観的構成要件要素であることが曖昧にされてしまっている)。

この一文は，少し修正を加えれば，読み手に負担をかけない方法で表すことができそうである。

　　強盗罪（刑法236条1項）が成立するためには，以下の4つの要件が必要である。(1)相手方の反抗を抑圧する程度の暴行又は脅迫を用いて他人の財物の占有を奪取すること，(2)暴行・脅迫，被害者の反抗の抑圧と財物の占有移転との間にそれぞれ因果関係があること，(3)一連の行為のつながりと結果についての故意があること，(4)書かれざる構成要件要素として不法領得の意思があること。このうち，(1)と(2)は客観的構成要件要素，(3)と(4)は主観的構成要件要素である。

「以下の4つの要件が必要である。」と最初に示されていた主部に合う述部を置いて最初の文を閉じた。そして，4つの要件をそれぞれ独立した文で示した。強盗罪の構成要件該当性が4つの要素が充足されるときに肯定されることを示した上で，それぞれの性格も明確化した。文は，6つとなった。

1つの要件を1つの文で表すことによって，読み手への負担が減ったばかりでなく，自身の思考も明確になる。

加えて，これら4つの要件のうちの1つの要件を後から書き直したいという事態が生じた場合，修正が楽である。一文単位で書き直せばよい。つまり，文を単位とした修正ができるのである。

■練習－6

文を単位として文章を修正し，その上で不適切と判断される箇所を修正せよ。

　加害者という視点からいじめをみると，加害者自身の内発的な問題，たとえば，性格や行動パターン，クラスでの評判という問題が存在する。しかし，家族の経済状態，親の教育観など，加害者の置かれた環境という外的な問題もあり，分けて考える必要がある。内発的な問題は，本人への教育という形で対処しなければならず，外的問題に対しては本人を取り巻く人々と連携をとりながら問題解決にあたらなければならない。

5 係り受けに留意する

係り受けとは，文の中でどの語がどの語を修飾するかの関係をいう。

> さらなる現場検証や聞き取りが求められた。

上の例では，「さらなる」が「現場検証」だけに係るのか，「現場検証や聞き取り」の双方に係るのかが不明である。どのように書けば，意図のとおりに書き表せるだろうか。次のような書き方が考えられる。

> さらなる，現場検証や聞き取りが求められた。
> さらなる現場検証や，聞き取りが求められた。
> さらなる現場検証や，新しく聞き取りを始めることが求められた。

上の文は，**読点（「,」）を活用**した例である。**括弧（〔　〕や〈　〉）を利用**する方法もある。

> さらなる〔現場検証や聞き取り〕が求められた。
> 〔さらなる現場検証〕や〔聞き取り〕が求められた。

係り受けによる混乱は，そもそも文の中で修飾する語句が含まれるときに発生するため，先の **2**「長い修飾を独立させる」で確認したように，修飾部分を独立させると避けることができる。

練習 7

次の文は，どのように読める可能性があるか。係り受けに留意して〔　〕で可能性を複数示せ。

設問❶：防寒着とリュックで身支度を整えたＫ君とＬ君が駐車場で待っていた。
設問❷：すべての理由付記と記帳の義務について，変更が伝えられた。

6 「てにをは」を的確に使う

急いで文章を作成すると，「てにをは」の使い方が雑になるので，注意したい。「てにをは」が不適切に使われていると，読み手が混乱するばかりでなく，稚拙な文章に見える。

> かかる行為は，Aのバッグを客体とする強盗罪（刑法236条1項）が成立する。

この文の主語は，何であろうか。「強盗罪」である。述語は「成立する。」である。この文を最もシンプルにいうと，「強盗罪が成立する。」である。「かかる行為について，強盗罪が成立する。」と述べたいのであるから，「行為」のあとにくる助詞は，「について」または「に」としなければならない。しかし，「行為は」と「は」を付けて，「行為」を文の先頭においているため，「行為は」が主語に見えてしまい，「行為が成立する。」と読めてしまう。

> かかる行為について，Aのバッグを客体とする強盗罪（刑法236条1項）が成立する。

このように書くのが適切である（⇨ PART Ⅲ 9「長すぎる文の危うさ」3「『は』について附録の注意を1つ」）。

練習 8

「てにをは」の不適切な使用はどこか。特定して修正せよ。最後の1問は，並列助詞を扱う設問である。

設問❶：医療費返還の申請を忘れないようにと，患者の呼びかけを強化した。
設問❷：国際情勢を鑑みて楽観は許されない。
設問❸：改札口を入る前に，上司に挨拶をしたほうがよい。
設問❹：最低生活費を確保されるよう，検討しなければならない。
設問❺：柵によりかかったり，手を出してはいけない。

7 接続表現で文をつなげる　　一文一文が明確に作成されたとしよう。次に意識を及ばせたい点は、文と文との関係である。

　先に引用した宇佐美寛は、逆接の接続詞以外はないほうがよいという。逆接、「しかし」や「けれども」だけは使わざるをえない、しかし、それ以外はなくてすむような文章を書くことが大切なのだという（⇔PART Ⅲ **8**「平易な接続表現の心がけ」**6**「翻訳不能の接続詞」、**8**「接続のスキルアップのためのアドバイス」）。

　しかし、**野矢茂樹**は、著書『論理トレーニング101題』（産業図書・2001）の中で「接続表現に注意する」を第1章に置き、その理由を以下のように述べる。

> 言葉と言葉の関係において、論理は姿を現す。文と文との関係、パラグラフ（論点のひとまとまり）とパラグラフの関係、そこに論理展開が現れ、整合性が問われもする。そして、言葉と言葉のつながりを明示する言葉が、接続表現である。／それゆえ、論理は接続表現に示される。（野矢・前掲9頁）

　野矢は、論理展開が「文と文との関係、パラグラフ（論点のひとまとまり）とパラグラフの関係」に現れるという。「整合性」も問われるという。確かに、一つひとつの文の間に接続表現を挿入しようとすれば、自ずと文と文の関係を考える結果になり、パラグラフの整合性に意識が及ぶであろう。

　そこで、本項では、<u>文と文の接続関係を自覚する</u>ことを目標に接続表現の使い方を復習しよう。接続表現を書くか書かないかは別として、文と文とのつながり方を自覚する練習である。それにより、より的確な論理展開で文章が作成できるようになることを目指す（⇔PART Ⅲ **4**「段落の用い方」**1**「思った順番に書く癖」）。

　野矢の整理を拝借すると、接続表現には7種類ある。この7種類で論理展開をすべて網羅できるとする（野矢・前掲9-51頁）。各種類に接続表現を付記すると次のようになる。

　　①**付加**　論理が同じ方向に進むときに用いる。
　　　　　　　「そして」、「また」、「さらに」、「しかも」、「むしろ」などである。
　　②**理由**　理由を示すときに用いる。
　　　　　　　「なぜなら」、「というのは」などである。

③例示　例を挙げるときに用いる。
　　　　「例えば」、「例を挙げると」などである。
④転換　論理が逆の方向に進むときに用いる。
　　　　「しかし」、「だが」、「けれども」などである。
⑤解説　言い換えるときに用いる。イコールの関係である。
　　　　「すなわち」、「つまり」、「というのは」などである。
⑥帰結　まとめ、結論を述べるときに用いる。
　　　　「要するに」、「したがって」、「だから」、（「つまり」も該当）などである。
⑦補足　付け足すときに用いる。
　　　　「なお」、「ただし」などである。

　以上、7種類の接続を頭に入れ、一文を作成するごとに、どのような関係で次の文がつながるのかを考えよう。下は、一例である。

　　　　　　　　　　　LINE 参加に思う
　LINE のない生活はもう考えられない。(⇒理由) サークル仲間と連絡をとるとき、また授業クラスのメンバーと連絡をとったり相談をしたりするときに便利だからである。(⇒例示) 5月の連休中、授業クラスのメンバーたちに、「みんなで遊びに行こう」という誘いを送った。(⇒付加) すぐに4、5人のメンバーから、出かける場所やイベント情報などの書き込みがきた。(⇒転換) 一向に返事を返さない人がいると主催者は困る。(⇒解説) 既読になっていて読んだという事実は明らかだが傍観しながら参加しようとしているのか不参加を意味するのかがわからない。(⇒帰結) LINE に加わったならば、こまめに返事をすることが暗黙のルールなのである。(⇒補足) 就活などで返事をまめに書けない状況にある人は、あらかじめ断っておくことで仲間から理解される。

　接続表現の中には、文末と連動するものがあるので注意が必要である。次の文章には、不適切な箇所がある。

　　かかる甲の行為に詐欺罪（刑法246条1項）が成立する。なぜなら、甲は、

> 財物の処分を行いうるＢ社の担当者に自己が乙であるという錯誤に陥らせて，財物であるキャッシュカードを交付させており，欺く行為によって相手方を錯誤に陥らせて財物交付をさせたといえる。

「なぜなら」は，「だからである。」と連動するはずの接続表現である。しかし，文末は「といえる。」とある。「なぜなら，〜といえる。」となってしまっている。「なぜなら，財物交付をさせたといえるからである。」としなければならない。不適切な文は，稚拙な印象を与えるため，避けたいものである。書き手自身の思考の曖昧さを表すともいえる（⇔ PART Ⅲ 8「平易な接続表現の心がけ」）。この例文では，文の出だしで「なぜなら」と理由を述べようとしたが，最後は「といえる。」と解釈を述べる表現となっている。思考がぶれていることがわかる。

> かかる甲の行為に詐欺罪（刑法246条1項）が成立する。なぜなら，欺く行為によって相手方を錯誤に陥らせて財物交付をさせる行為は詐欺罪にあたり，甲は財物の処分を行いうるＢ社の担当者をして自己が乙であるという錯誤に陥らせ，財物であるキャッシュカードを交付させたからである。

さらに，最初の例文では，不適切さは，文が長いことによって起きたとも考えられる。詐欺罪が成立する理由を，「なぜなら〜」の一文で説明しているが，2つに分けて説明することも可能である。

> かかる甲の行為に詐欺罪（刑法246条1項）が成立する。詐欺罪は，欺く行為によって相手方を錯誤に陥らせて財物交付をさせる罪である。甲に詐欺罪が成立するのは，甲が財物の処分を行いうるＢ社の担当者をして自己が乙であるという錯誤に陥らせ，財物であるキャッシュカードを交付させたからである。

文と文のつながりを自覚し，適切な接続表現を選んだ後は，接続表現でつなげた後の文に留意しよう。接続関係が整合するように文を作成しなければならない。

> 深夜まで営業している店の店主からは次のような説明を聞く。すなわち，夜中まで働きたい労働者の味方であるという説明を聞くと納得せざるをえない。

「すなわち」という接続表現はイコールの関係を表示するので，後の文は前の文と同等の内容に作成する必要がある。「説明を聞く」と同等の例示をするならば，「納得せざるをえない。」という部分ははみ出しており，同じ文に含めるべきではない。次のように後の文を作るべきである。

> 深夜まで営業している店の店主からは次のような説明を聞く。すなわち，夜中まで働きたい労働者の味方であるという説明を聞く。この説明には納得せざるをえない。

例示させる接続についても，同様である。

> 本人が何を成し遂げたいかによって連休の価値は異なる。たとえば，自宅にこもって大掃除するという連休の使い方がある。

今度は，「たとえば」の後の文の内容が，前の文の内容に比べて不足している。次のように書くべきである。

> 本人が何を成し遂げたいかによって連休の価値は異なる。たとえば，自宅にこもって大掃除するという連休の使い方は，日頃できない事柄を行いたいと考える人には，価値がある。

段落の冒頭に接続表現を使用する場合は，要注意である。

> 大型連休は，次の理由から，家で静かに過ごすことが最高の過ごし方である。まず，出かけると人が多い。どこでも並ばなければならない。次に家で日頃できない事柄をするよい機会である。職場からの連絡はな

いし友人もそれぞれの予定があるからゆっくりできる。
　しかし，連休は普段会うことのできない人とゆっくり会う機会だととらえることもできる。

　上の例では，「しかし」が，前段落全体を転換しているのか，最後の一文を転換しているのか，不明である。どちらとも読める。段落全体を転換する意図であるなら，第２段落の主張は「家で静かに過ごすことが最高の過ごし方だとはいえない」となる。しかし，前文だけを転換する意図であるなら，「家で日頃できない事柄をするよい機会である」の部分だけを否定することになり，全体の主張は変わらない。段落の冒頭に接続表現を置いたために全体の主張までが不明確になってしまうのである。

練習 9

接続表現に呼応するよう，文末を修正せよ。

　北欧では，省エネルギー，再生エネルギーの両面から，熱の有効利用を考えてきた歴史がある。なぜならば，北欧では，日照時間の短さや積雪の多さから，より多くのエネルギーが暖房のために消費されるのである。

練習 10

〔　　〕内に適切な接続表現を入れよ。

設問❶：都会での通勤・通学は大変である。混み合う車内で，立ったまま，資料を読んだり試験勉強をしたりして行き来するのである。〔　　　〕電車がよく遅れるため，行きは遅刻の心配がある。

設問❷：これからの日本では，日本人の若者が足りないから外国人労働者に頼るという認識をもちたくない。〔　　　〕日本には各分野の実践的知識を海外へ広めていく使命があるという認識をもちたい。

設問❸：人間は１分間に，およそ30字書くことができ，300字話すことができ，1000字読むことができるそうである。〔　　　〕書くことは，他の活動に比べて大きな労力を必要とするのである。

設問❹：祖母は，ありふれた物に感謝しながら生きた人であった。引出しには，いつ

も手で伸ばされた包装紙やひもが入っていた。自然に対しても，感謝を行動で示していた。〔　　〕朝，蛇口をひねる前とガスコンロに火をつける前に，必ず手を合わせていた。

設問⑤：日本における「国民の祝日」の設定は，どのようになっているか。〈月日固定〉か〈特定週の月曜日固定〉と定められている。〔　　〕春分の日と秋分の日だけは国立天文台「暦象年表」に基づいて閣議決定されるため，年によって異なる。

◀ **❽ 端的に書く** ▶　　ここで，端的に書くということについて考えよう。答案を作成する場合，意図した事柄を少ない字数で綴ることができればそれに越したことはないからである（⇔ PART Ⅲ 7 「気負って書く必要はない」）。遊びのつもりで目を通してほしい。

次の文を，内容を変えずに，より少ない字数で書くことは可能だろうか。

> 次に検討しなければならない問題は，Ａが損害賠償をすべきか否かという問題である。
> Ａに過失はないと考えられる。
> 以上の検討から導き出される結論としては，Ａに損害賠償の責任がないということである。

最も少ない字数で同内容を論じようとするなら，次のように書くことができるだろう。

> Ａは，損害賠償をすべきか。
> Ａに過失はない。
> Ａは，損害賠償の責任を負わない。

からくりは，主語を替えたという操作にある。修正前の文では，主語は，「問題は」，「結論が（省略されている）」，「結論としては」であった。これらはすべて，書き手が考えている過程を表す用語である。考えている過程を表す用語を主語にすると，自ずと述語も考えの過程を表わす言葉で綴られることになり，した

がって全体が冗長になるのである。考えの中身，すなわち論じている対象を主語にしよう。「〜問題は，Ａが〜」を「Ａは，〜」とするのである。論じている対象を主語にすると，考えている過程はすべて外され，結果として文は短く端的になるのである。

練習 11

同じ内容を端的に書き表せ。

設問❶：厳重注意処分には及ばないと判断したのは，上述した３つの理由があるからである。

設問❷：なぜ，いったん駅に戻ったかという理由は，未だに不明である。

2 語句を整える

語の意味範囲を自覚する

　法律学を専攻する皆さんは語句には強いだろうが，どの語句を使おうかと考える際に留意すべき点を，２点確認しよう。

　１つは，意味の範囲である。語にはそれぞれ意味の範囲がある。イメージされる，対象の範囲といってもよいだろう。たとえば，「家畜」といわれたら皆さんはどのようなものを想像するだろうか。牛，馬，豚を想像する人もいるだろうし，牛，馬，豚に加えて犬や猫をも思い浮かべる人がいるだろう。あるいは，兎でもカメレオンでも人が飼っているものはみな家畜だとイメージする人がいるかもしれない。つまり，「家畜」が指し示す対象としてイメージされる範囲は，人によって異なるのである（⇨PART Ⅰ **1**「はじめに」，**3 7**「『法的論証』の論理性」）。

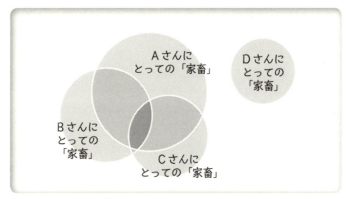

図3 人によって異なる，語の意味範囲

　そこで，たとえば，皆さんの家の中に九官鳥が舞い込んできた場合どうするか。「家畜」にあたる動物は，いちど警察に届けなければならない（遺失物法2条1項括弧書・4条1項）。これに対し，飼われていたとは想像せず，飼主がいることに気づかず拾った「家畜でない動物」は，その動物が飼主のもとを離れた時から1か月以内に飼主から回復の請求を受けないときには，拾った人がその動物を取得することが認められる（民法195条）。九官鳥は家畜なのであろうか。

　実は，「家畜」の定義は法令に設けられていないのである。そこで，裁判では一般の意識を参照して意味を定めることになる。判例が九官鳥を家畜であるとする（大判昭和7・2・16民集11巻138頁）のは，「家畜」という語の意味範囲を一般の意識を参照して定めた成果であると考えられる。

　このように，日常使われる語は，想像される意味の範囲が人により異なる。その語にまつわる過去の個人的な体験が意味に反映されるからである。人が使う語は，個人の体験によって（読み書きも含め），意味が生成されているのである。平易で日常的な語ほど，誤解を生みやすいということである。法の世界で鍵となる用語が定義されているのは，語の意味範囲を定め，語を使用する人々が共通の意味範囲で語を使用できるようにするためである（⇔ PART Ⅰ 3 5「文章の平易性と論理性」）。

　語を選ぶ際には，書き手の意図した意味の範囲と，読み手の想像するであろう意味の範囲とができる限り近くなるように留意することが必要である。双方

が大きく異なったときに、誤解や混乱が生まれることになるのである。

語のカテゴリーを自覚する

どの語句を使おうか考える際に留意すべき点の2つ目は、語のカテゴリー、すなわち意味の種類である。

学生や院生たちのレポートを読んでいて気になる点の1つは、章題や節題の付け方である。次のように題が付けられていることがある。

> レポート題：インターネット社会における子どもの安全
> 第1章　調査目的と子どもがおかれている社会背景
> 第2章　調査方法
> 第3章　子どもが被害に遭う状況
> 第4章　家庭・学校・地域における対策
> 第5章　考察と結論

皆さんは、どのような点に違和感を覚えるだろうか。第1章の前半、第2章、第5章は、それぞれ、「調査目的〜」、「調査方法」、「考察と結論」と〈調査の要素に関わる語句〉で題が付けられている。一方、第1章の後半、第3章、第4章は、「〜と子どもがおかれている社会背景」、「子どもが被害に遭う状況」、「家庭・学校・地域における対策」と、〈調査の内容に関わる語句〉で題が付けられている。〈調査の要素に関わる語句〉と、〈調査の内容に関わる語句〉は、ここではカテゴリーの異なる語句である。

同一レポートの中で、これら2つのカテゴリーに属する語を混在させて章の題を付けることは得策ではない。〈調査の要素に関わる語句〉で題を付けるのなら、一貫してこのカテゴリーの中で語句を使うべきである。「調査目的と背景」、「調査方法」、「調査結果」、「考察と結論」などのようにである。〈調査の内容に関わる語句〉で題を付けるのなら、**そのカテゴリーの語句で一貫させる**べきである。

答案を書く際には、とりわけ、実際に起きた事柄を描写する語句と、法への

89

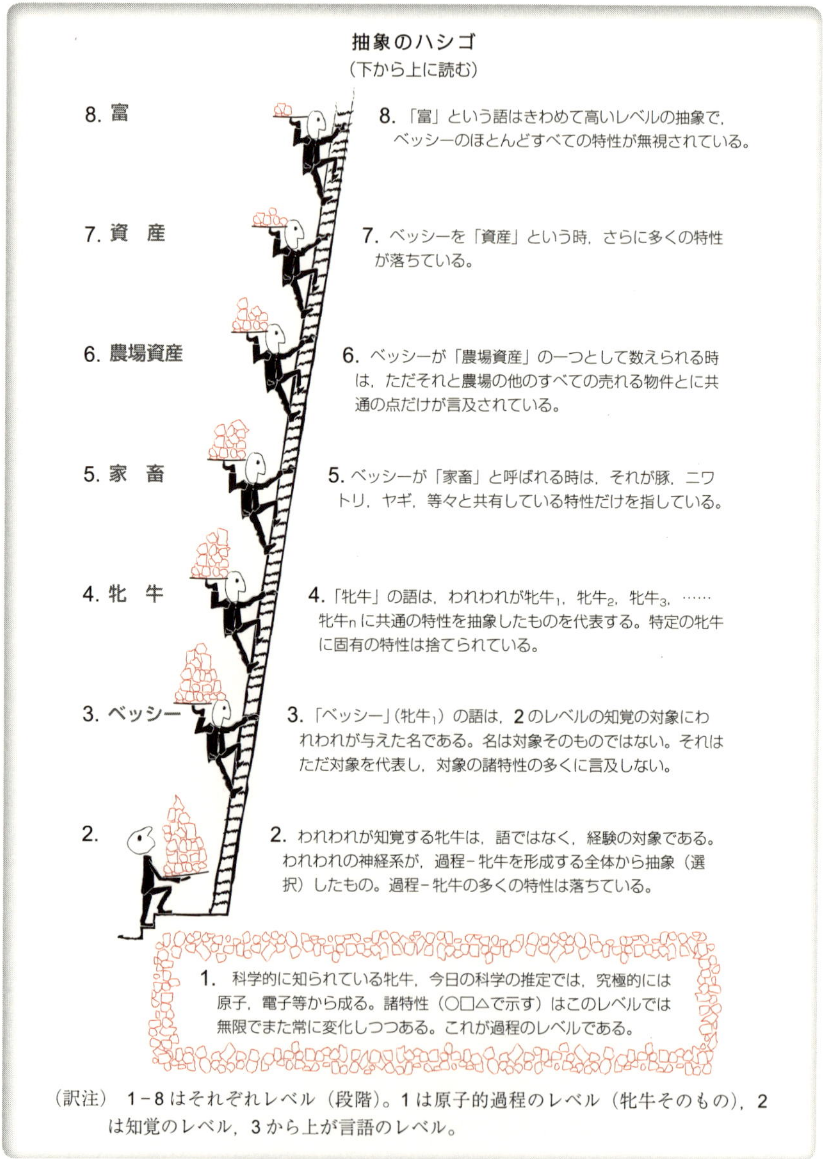

抽象のハシゴ
（下から上に読む）

8. 富　　　　　8.「富」という語はきわめて高いレベルの抽象で、ベッシーのほとんどすべての特性が無視されている。

7. 資産　　　　7. ベッシーを「資産」という時、さらに多くの特性が落ちている。

6. 農場資産　　6. ベッシーが「農場資産」の一つとして数えられる時は、ただそれと農場の他のすべての売れる物件とに共通の点だけが言及されている。

5. 家畜　　　　5. ベッシーが「家畜」と呼ばれる時は、それが豚、ニワトリ、ヤギ、等々と共有している特性だけを指している。

4. 牝牛　　　　4.「牝牛」の語は、われわれが牝牛$_1$、牝牛$_2$、牝牛$_3$、……牝牛$_n$に共通の特性を抽象したものを代表する。特定の牝牛に固有の特性は捨てられている。

3. ベッシー　　3.「ベッシー」（牝牛$_1$）の語は、2のレベルの知覚の対象にわれわれが与えた名である。名は対象そのものではない。それはただ対象を代表し、対象の諸特性の多くに言及しない。

2.　　　　　　2. われわれが知覚する牝牛は、語ではなく、経験の対象である。われわれの神経系が、過程－牝牛を形成する全体から抽象（選択）したもの。過程－牝牛の多くの特性は落ちている。

1. 科学的に知られている牝牛、今日の科学の推定では、究極的には原子、電子等から成る。諸特性（○□△で示す）はこのレベルでは無限でまた常に変化しつつある。これが過程のレベルである。

（訳注）　1－8はそれぞれレベル（段階）。1は原子的過程のレベル（牝牛そのもの）、2は知覚のレベル、3から上が言語のレベル。

図4　ハヤカワの「抽象のハシゴ」

（出所）　サミュエル・I・ハヤカワ（大久保忠利訳）『思考と行動における言語〔原書第4版〕』（岩波書店・1985）173頁より

適用を検討する語句が，異なるカテゴリーとして自覚されることが求められる。法への適用を検討する語句とは，たとえば，「罪責」，「〜罪の成否」，「〜罪の成立」，「〜の検討」，「〜の定義」などである。こうした，法への適用を検討する語句を，多く的確に使えるようになっていると，書くスピードが早くなり，何よりも，思考する過程がスムーズになるはずである（⇨PART Ⅲ 1「まずは書き切る」）。

語の抽象度を自覚する

ここで語の抽象度について考えよう。私たちは，同一の対象であっても，さまざまな抽象度の語を用いてその対象を示す。たとえば，目の前においてある「ペン」は抽象度を上げて指し示すなら「文房具」となり，さらに抽象度を上げれば「道具」という語で示すことができる。

ハヤカワ（Samuel I. Hayakawa）は，「抽象のハシゴ」という比喩を用いて，語の抽象度と意味範囲との関係を説明した。「ベッシー」という名前の付いた牝牛を指す語として，「ベッシー」，「牝牛」，「家畜」，「農場資産」，「資産」，「富」があるとした。そして，これらの語は，順に抽象度が上がっていくが，抽象度が上がるほど，語が指し示すベッシーの特質は減っていくとした。「たとえば，ベッシーが『家畜』と呼ばれる時は，それが豚，ニワトリ，ヤギ，等々と共有している特性だけを指している」（ハヤカワ・前掲173頁）というわけである。「家畜」としてベッシーが表現されたときには，「子どもを産む」，「乳が搾れる」など，牝牛に特有の性質は捨てられているというわけである。特定の物事を表す語は，抽象度が上がるにつれ，指し示す，その物事の特質は減るのである。

一方，この「抽象のハシゴ」から離れて語の性質を見ると，逆に，語は，抽象度が上がるにつれ，多くの物事を包括できるようになる。「家畜」といえば，ベッシーのほかに，豚，ニワトリ，ヤギもともに指し示すのである。「農場資産」ならば，ベッシーのほかの家畜，トラクターなどの車，農具，土地をも同時に指し示す。

どれくらいの抽象度で説明したらよいか迷う場面があったら，ハヤカワの「抽象のハシゴ」を思い出そう。実際に起きた事柄を描写する場面では，具体

的な語句を用いて説明する。抽象度を上げて，すなわち他の場面や事例を包括する説明を行う場面では，抽象度のより高い語句を使うのである。自覚して語句の抽象度を選び，場面に応じて使い分けよう。

1 概念を一貫して使う

では，語句に着目した文章作成技術をいくつか見よう。

まず，言うまでもないことだが，概念をころころと換えてはいけない。語にはそれぞれ意味範囲があるため，異なる語を使えば異なる意味の範囲を指し示したことになるのである。逆に，異なる語を使う場合は，なぜ，どのように異なる語を使うのか，すなわち**使い分けを自覚する**ことが求められる。読み手が飽きないように語を換えたほうがよいという助言は，読み手を楽しませることを目的とした文章において有効である。文学はその典型である（⇔PART Ⅲ 7「気負って書く必要はない」）。

以下は，不用意に，あるいは無意識に概念を換えてしまった例である。

> ドーピング防止は，国際的な課題である。まず，スポーツ競技に参加する各国の国民の認識を教育によって高める必要がある。また，各国は国際規約にしたがって防止活動の実施を促す責務がある。各国の機関は，国と連携しながら具体的活動を展開しなければならない。このように，ドーピング防止は，国民，国，国内機関において実施されるべき理念である。

「国際的な課題である。」という宣言のもとに，具体的な内容を検討し，最後に「理念である。」と結んでいる。ドーピング防止が「課題」であるのか「理念」であるのか，書き手自身が揺れている。どちらを意図したいのか自覚し一貫させると，明確な文章となる。

「課題の1つ目は，」，「課題の2つ目は，」などと表示すると，概念のすり替えを防ぐことができる。検討内容がページを超えるときには，とりわけ注意が必要である。

練習 12

キーワードに色マーカーを塗り，一貫させよ。使い分ける場合は，使い分けの理由を自覚せよ。

日本で受けることのできる英語の資格試験にはいろいろある。TOEFL や TOEIC という，アメリカで開発され世界中に広められた検定試験もあれば，日本で開発された英検もある。IELTS は，イギリスで作られた。いずれにしても，日本人はもっと英語の認定試験を受けることに楽しみを見出すべきである。

2 指示代名詞を置き換える

指示代名詞とは，いわゆる「こそあど言葉」である。「この」「その」「あの」「どの」である。「これ」「それ」「あれ」「どれ」も指示代名詞である。

指示代名詞は，トランプでいえばジョーカーのようなもので，他の語句と置換え可能である。何とでも置き換えられるという便利な性質から，多用しがちである。しかも時間の制約の中で書く答案では，長い語句や文を置き換えると時間の節約になるため，使いたくなる（⇒ PART Ⅲ 8 6「翻訳不能の接続詞」，7「推測される『この点』の背景事情」）。

しかし，指示代名詞は，置換え可能であるという性質ゆえに，読み手が誤読する可能性を作る。指し示す対象が手前に複数，提示されている場合には特に注意をしなければならない。

PART Ⅲ の 4「段落の用い方」で挙げられている例文を使って，指示代名詞がいかに読者を惑わすかを確認しよう。

> ア　ある県においては，駅や飲食店など公共の場所で喫煙をすることを禁止する条例の検討が進められている。喫煙をしたいという個人の欲求を権力で抑えようとするものであり，よほど慎重でなければならないところから，問題となる。
> イ　この点，人には，どのような自由も許されるものではなく，自ずと限界がある。
> ウ　たとえば自殺をする自由というものが認められないことによっても，このことは，明らかである。

> エ　喫煙も本人の健康が害されるものであるから，これを規制することは合理的である。

　イの「この点」は，何を指し示しているか。「駅や飲食店などの公共の場所で喫煙をする」点であろうか。「喫煙をしたいという個人の欲求という」点であろうか。どちらにも読める。あるいは，「ある県における条例の問題を考えるにあたって」という前書きのような意味で「この点」と述べているようにも読める。前書きならば，不要である。

　ウの「このこと」は，何を指し示しているか。イの一文全体を指しているように読める。あるいは，「どのような自由も許されるものではな」いこと，という前文の一部，または「〔自由には〕自ずと限界がある」という一部を指しているともとれる。

　エの「これ」は，「喫煙」を指しているのであろうが，書き手の意図を汲み取れば，正確には「公共の場所での喫煙」を指すのであろう。

　指示代名詞は，例文で見たように，読み手に多くの推測を強要する。そして，読みが書き手の意図に沿っているかどうか不確定なまま読み進めさせるのである。つまり，指示代名詞は，文章に曖昧さを作り出す。明確な文章とは，書き手の意図のとおりに読み手に読ませる文章であるから，指示代名詞は意図のとおりに読める場合に限定して使用すべきである。複数の読みが考えられる場合は，指し示した語句を繰り返して使えばよい。

　例文にある指示代名詞を次のように具体的な語に置き換えてみた。

　ア　ある県においては，駅や飲食店など公共の場所で喫煙をすることを禁止する条例の検討が進められている。喫煙をしたいという個人の欲求を権力で抑えようとするものであり，よほど慎重でなければならないところから，問題となる。
　イ　人には，どのような自由も許されるものではなく，自ずと限界がある。
　ウ　たとえば自殺をする自由というものが認められないことによっても，自由には限界があることは明らかである。
　エ　喫煙も本人の健康が害されるものであるから，公共の場所での喫煙

を規制することは合理的である。

練習 13

指示代名詞および代名詞を具体的な語句に書き換えよ。

若者の投票率が低いことには，学校教育において，教員が政治的なものを避けてきたということがあるだろう。その中立性を保つために，彼ら個人の政治的志向を生徒に伝えることはタブー視されてきたのである。一票の平等を教えるためには，教員，生徒というものを越えて，対等な有権者として議論することが理想である。だが，教員の一言が彼らに与える影響は大きい。対等な議論と中立性を両立させるそうした教育を実践することが，教員には求められているのである。

3 「こと」「もの」を特定する

指示代名詞と同様，「こと」や「もの」も，置換え可能な語である。もう一度，先の例文の修正版をみよう。「こと」「もの」が多用されている。ことこと文やものもの文である。

> ア　ある県においては，駅や飲食店など公共の場所で喫煙をすることを禁止する条例の検討が進められている。喫煙をしたいという個人の欲求を権力で抑えようとするものであり，よほど慎重でなければならないところから，問題となる。
> イ　人には，どのような自由も許されるものではなく，自ずと限界がある。
> ウ　たとえば自殺をする自由というものが認められないことによっても，自由には限界があることは明らかである。
> エ　喫煙も本人の健康が害されるものであるから，公共の場所での喫煙を規制することは合理的である。

上の「こと」や「もの」は，具体的な語に置き換えられるだろうか。

> ア　……喫煙をしたいという個人の欲求を権力で抑えようとする条例であり，
> イ　人には，どのような自由も許されるわけではなく，自ずと限界がある。
> ウ　たとえば自殺をする自由というものが認められない社会通念によっても，

自由には限界がある点は明らかである。
　エ　……公共の場所での喫煙を規制する条例の施行は合理的である。

　ほかにも，置き換えうる語があるだろう。こうして「こと」や「もの」を置き換えると，書き手の意図が明確になる。すなわち，「こと」や「もの」を具体的な語句に置き換える作業は，何よりも書き手の思考を明確にする助けとなる。

練習 14

「こと」と「もの」を具体的な語句に書き換えよ。

　若者の投票率が低いことには，学校教育において，教員が政治的なものを避けてきたということがあるだろう。政治的中立性を保つために，教員個人の政治的志向を生徒に伝えることはタブー視されてきたのである。一票の平等を教えるためには，教員，生徒というものを越えて，対等な有権者として議論することが理想である。だが，教員の一言が生徒に与える影響は大きい。対等な議論と中立性を両立させる有権者教育を実践することが，教員には求められているのである。

4「の」を特定する　　日本語文章の中で最も多く使われる助詞は「の」であるといわれている。だからなのか，母親の読んでいる本を横から見ている幼児が最初に覚える文字が「の」であるという話を聞いたことがある。

　「の」は，指示代名詞や「こと」「もの」と同様，トランプのジョーカーである。次の文の「の」は，どのような意味を表わす「の」と読めるであろうか。

辻さんの本

　辻さんが所有している本
　辻さんが書いた本
　辻さんが編集した本
　辻さんが掲載された本
　辻さんが拾った本

まだ考えられるであろう。「の」は，多くの意味を置き換えて示すことのできる助詞である。「の」を特定し，具体的な語で示すと，明確な文章が作成できる。「の」をできるだけ使わないように，挑戦してみよう。

練習15

「の」を置き換えよ。

設問❶：確かに，バブル崩壊はクリーピング・クライシス（緩やかな危機）の一面があった。

設問❷：希薄な人間関係の打破のための一対策

5 「を」「に」「は」と，「について」を区別する

「について」をよく使う人が多いのではないだろうか。下の例文で使われている「について」は適切か。

> Aが建物が築かれる予定はないと述べたことと，Bが建物を建ててしまったこととは，法律的な関連がない。Bは，単に土地を贈与された者であって，AがDに説明した内容について拘束されない。

この文は，「Bは，単に土地を贈与された者であって，AがDに説明した内容に拘束されない。」とするのが適切である。「ついて」は不要である。

では，どのような場面で「ついて」が必要なのか。隣に座っている人を見てほしい。家で勉強している人は，窓の外を歩いている人を見よう。「その人の着ている物を述べよ」と言われたら何と答えるか。「横じまのTシャツです」，「細いベルトの付いたワンピースです」などと答えるであろう。では，「その人の着ている物について述べよ」と言われたら何と答えるか。今度は，「夏らしい装いです」，「よく似合っています」などと答えるのではないか。要するに，「～を述べよ」は，対象そのものを問題にしており，「～について述べよ」は，対象に対する感想や評価や解釈を問題にしているのである。対象そのものと，対象に対する感想や評価や解釈は，まったく次元の異なる世界である（⇔ PART Ⅰ 3 4 「事実と価値」）。感想や評価や解釈は，対象をメタ的に捉えた世界で

ある。「ついて」を使う必要があるのは，対象をメタレベルで捉える場面である。メタレベルで捉える場面に限定して使うべきなのである。

　無自覚に「ついて」を多用する癖のある人は，注意しよう。これまでに書いた文章を読み返し，すべての「ついて」に丸を付けて点検してみるとよい。不要な「ついて」はないか。そのものを問題にしている場面で「ついて」を使っていたら「を」「に」「は」と，対象そのものを表す助詞に置き換えよう。

●練習● 16

　不要な「について」を削除して修正せよ。

設問❶：この原因は一体何なのであろうか。3つ挙げる。
　　　　　第1は，〜である。（中略）
　　　　　第2は，〜である。（中略）
　　　　　第3は，〜である。（中略）
　　　　以上，原因について3つの点を挙げた。

設問❷：応募書類作成要項
　　　注：職種について，現在技術部門に携わっている者は，企画書に加えて在職証明書も提出すること。
　　　注：推薦書については，必ず，「＊＊＊」宛とすること。
　　　注：英語母語話者は英語能力証明書については，提出しなくてよい。

3　段落を整える

　本項では，文や語句ではなく，もう少し大きな塊で文章を検討する。次の文章を見よう。

　　日本人にはユーモアが無いと評価される。しかし実際の生活を見渡してみると，日本人はユーモアにあふれている。学校や職場で，緊張をほぐすために軽い冗談や駄洒落を使うことはしばしばある。また，テレビ

> コマーシャルなどの商業用宣伝にもユーモアが多分に含まれている。さらに，江戸時代には，歌舞伎や狂言の作品にユーモアが盛り込まれていた。このように日本人は歴史的にユーモアを重視してきたのである。しかしながら，欧米人から日本人にはユーモアがないという評価を受けるのである。

　この文章の主張は何か。第1文の「日本人にはユーモアが無いと評価される。」か。それとも，第2文にある「日本人はユーモアにあふれている。」か。日本人にユーモアが無いと評価されるかどうかと，ユーモアが実際にあるか否かは，異なる話題である。中ほどの「学校や職場〜」，「テレビコマーシャル〜」，「歌舞伎や狂言〜」の第3文は，ユーモアが実際にあるという実態を示しているので，この文章は，ユーモアが実際にあると主張していると考えることができる。しかし，2つの話題を取り上げてしまっているため，主張がわかりにくい。
　次に，「日本人はユーモアにあふれている。」を主張とみなし，根拠が適切に示されているかを検討しよう。根拠は，4つの文で示されている。

① 学校や職場で，緊張をほぐすために軽い冗談や駄洒落を使うことはしばしばある。
② また，テレビコマーシャルなどの商業用宣伝にもユーモアが多分に含まれている。
③ さらに，江戸時代には，歌舞伎や狂言の作品にユーモアが盛り込まれていた。
④ このように日本人は歴史的にユーモアを重視してきたのである。

①は「学校や職場」という場面の検討，②は「テレビコマーシャル」という報道場面の検討，③は「江戸時代」という過去の時代の検討である。④は，「このように」という書き出しで始まるが，③を解説しているのか，①から③を統括して解説しているのか，はっきりしない。根拠の並べ方に問題がありそうである。
　この例文を，わかりやすく修正するとどのようになるだろうか。主張を1つだけ含め，根拠を適切に示し，不要な記述を削ると，次のようになるだろう。

日本人にはユーモアがあるだろうか。実際の生活を見渡してみると，日本人はユーモアにあふれている。学校や職場で，緊張をほぐすために軽い冗談や駄洒落を使うことはしばしばある。また，テレビコマーシャルなどの商業用宣伝にもユーモアが多分に含まれている。さらに，現在でも親しまれている古典芸能において，歌舞伎や狂言の作品にはユーモアが盛り込まれている。このように，多くの場面で日本人はユーモアにあふれている。

　最初の文と最後の文，すなわち評価を話題にしている文は，削り，すべての文が実態を論じているようにした。また，「江戸時代には」を「現在でも親しまれている古典芸能において」に替えて，3つの根拠が「場面」に揃うようにした。そして，「このように日本人は歴史的にユーモアを重視してきたのである。」という解説は外した。最初に，「日本人にはユーモアがあるだろうか。」と話題を示し，「このように，多くの場面で日本人はユーモアにあふれている。」と結んだ。

　修正前と修正後の文章を読み比べてみよう。修正後の文章は，より明確になっている。明確になった故に，説得力が高まったのではないだろうか。

　本項では，前項までと同様，より明確な文章を書くという目標のもとで，段落あるいはパラグラフの書き方を検討する。段落やパラグラフを整える文章作成は，文を意識の中心に置く文章作成と矛盾するものではない。文を明確に作成してこそ，段落やパラグラフも明確になる。

1 パラグラフ・ライティング

　パラグラフ・ライティングは，アメリカで一般的に用いられている文章作成法である。ある1つの主張とそれを支持する根拠とを用いて論証された内容を，まとまった文章として書いたものをパラグラフと呼ぶ。このパラグラフを文章の単位と考え，パラグラフを積み上げて文章を作成する方法がパラグラフ・ライティングである。したがって，何らかの主張を書く場面ではパラグラフ・ライティングを行うことができる。答案やレポートも，事態を分析しながら結論すなわち主張を書き，またこの結論に至った根拠を記すものであるから，パラグラフ・ライティングで書くことがで

きる。ここでいうパラグラフは、主張と根拠によるまとまりを特に問題としない、日本語文章における段落とは異なる性質のものである（⇨ 3「段落を作る」）。

(1) パラグラフの基本構造

パラグラフの基本構造は、次のいずれかである。

```
主張              根拠              主張
  根拠     また    根拠     また    根拠
  根拠     は     根拠     は     根拠
  根拠              根拠              根拠
                  主張              主張の再提示
```

つまり、主張の位置は、最初だけ、最後だけ、または、最初と最後のいずれかである。

さらに詳しくパラグラフの構造を見ると、次のようになる。

```
主張
  根拠
    具体的データ
  根拠
    具体的データ
  根拠
    具体的データ
主張の再提示
```

具体的データとは、①個人の行動を描写したもの、②一連の出来事を具体的に表したもの、③人が話した言葉の引用、④文献からの引用、⑤統計結果の引用、⑥条文の引用などである。

(2) パラグラフにおける主張

主張を示した文、すなわち主張文は、命題（または疑問文）で表される。主張文は、パラグラフ全体を統括した内容である。したがって、主張文は、根拠を示す文よりは抽象的である。主張文をトピック・センテンスと呼ぶ。

1つのパラグラフでは、1つの主張を示す。だから、主張以下に示される根拠は一貫してその主張に関わりのある内容となる。主張文と結びつかないよう

な内容の文は，挿入しないようにする。
　主張の再提示をする際には，次の3つの方法のいずれかを使う。
① 　主張そのものをもう一度繰り返す。おうむ返しのように，パラグラフの先頭で書いた主張文をそのまま繰り返す。
② 　パラグラフを要約する。
③ 　主張に関する最終のコメントをする。異なる主張をするのではなく，当該主張に関するコメントを行う。

(3) パラグラフにおける根拠

一貫して，主張と関わりのある内容だけが述べられる。

根拠は，論理的に整理されて示される。たとえば次のように示される。

　　　時系列で並べる　　重要な順に並べる　　空間的な順序で並べる　　原因・結果で並べる　　複数のものを対比して述べる

以上が，パラグラフ・ライティングの原則である。この原則に沿って作成すると，かなりわかりやすい文章が作成できるはずである（⇔PART Ⅲ 4 2 「段落を用いる文章の実践例」）。そもそも，自身の思考が整理され，明確になるであろう。

以下は，パラグラフ・ライティングで書かれている答案の一例である。

> 甲がAの左腕とAの頸部を押さえ続けることによりAを死亡させた行為は，Aに対する傷害致死罪（刑法205条，以下法令名省略）の構成要件に該当する。甲は，Aの左腕と頸部を強く押さえ続けるというAに対する有形力の行使である「暴行」を行っている。そして，この暴行とAの死亡結果との間には因果関係がある。さらに，甲は，上記暴行にあたる犯罪事実を認識・認容していることから，Aに対する暴行罪の故意（38条1項）がある。そして，傷害致死罪（それは暴行を起点とする二重の結果的加重犯である）においては，基本行為たる暴行について故意があれば足り，重い結果であるAの死亡との関係では過失も不要であると解する。したがって，甲の上記所為は，Aに対する傷害致死罪の構成要件に該当するのである。

第1文では，「～の行為は，～の構成要件に該当する。」と主張を述べている。

また，最後の文では，「したがって，甲の上記所為は，〜の構成要件に該当するのである。」と主張を繰り返している。中ほどでは，主張に対する根拠が述べられている。根拠は，4点述べられている。暴行を行っていること，暴行と死亡との間に因果関係があること，基本行為たる暴行との関係で故意があること，重い結果との関係では過失も不要であることの4点である。

なお，答案においては，第1文で結論を述べずに，問いを掲げる場合も多い（論点の提示。「論点」については，⇒PART Ⅰ 5「答案やレポートを書くにあたって」）。たとえば，「甲がAの左腕とAの頸部を押さえ続けることによりAを死亡させた行為は傷害致死罪にあたるか。」というように書き出すとすれば，それはパラグラフでこれから検討する事項を宣言した文であるため，トピック・センテンスと見なすことができるだろう。

私事になるが，筆者がアメリカに留学した際，英語文章をアメリカ人の友人に見せると必ず聞かれた問いは，「どれがトピック・センテンス？」であった。「これ」と指すと，次には，「では，その文をパラグラフの最初にもってきて」と，これもほぼ必ず言われたものである。アメリカ人はトピック・センテンスを中心にして文章を作成するのだという印象は，留学中に強く植えつけられた。つまり，文章を書いて国際的に活躍するには，パラグラフ・ライティングの能力は必須なのである（⇒PART Ⅲ 4「段落の用い方」1「思った順番に書く癖」）。

ただし，英語で書かれた学術論文を読んでいると，すべてのパラグラフの先頭にトピック・センテンスが置かれているわけでもない。パラグラフの最後に統括されている場合も多い。しかし，パラグラフの中身に一貫性があり，かつパラグラフの分量もだいたい揃っている論文が圧倒的に多い。

日本人からは，段落の最初に統括文（主張文）を置くとその後が書きにくいという感想もよく聞く。先に結論をいって後から根拠を書くより，考えている順序で根拠を先に並べ最後に結論を書くほうが思考しやすいというのである。考える順序で書くと，結論は最後に書かれるものである。

答案では，先の例のように，トピック・センテンスを明確な問いで示すことができる。結論を導き出す明確な問いを疑問文で記すのである。最初の文と最後の文が，問いと答えの関係になるよう，一貫した段落を作ろう。

パラグラフ・ライティングを知っておくと，欧米の論文を効率よく読むこと

ができるようになる。アメリカの大学院では，本や論文を読む宿題が大量に課され，留学生はもちろんのことアメリカ人学生も宿題をこなすことに苦労していた。そのような折,「時間のない時には，トピック・センテンスをつなげて読んでいくといいよ」という友人からの貴重な助言には救われたものである。トピック・センテンスをつなげて読むと，だいたいの内容はつかめるのである。そして時間はかなり節約できた。ちなみに，本 PART を丁寧に読む時間のない読者は，それぞれの段落の最初の一文だけをつなげて読んでみてほしい。

練習 17

次のパラグラフに，トピック・センテンスを記入せよ。

[　　　　　　　　　　　　　　　　　　　　　　]

ヨーロッパの大学では学生は授業に必ずしも出席する必要がなく，大学の教員もどの学生が自分の講義をとっているかは知らない。しかし，アメリカの大学では学生はすべての授業に出席することが要求されており，出席しない場合には罰則が適用される。さらにヨーロッパのシステムでは4, 5年間の在学の最後に1つの統括的試験が実施されるのみである。一方，アメリカのシステムでは通常，多くのクイズ，テスト，宿題，それに各学期の終わりに学期末試験がある。

練習 18

トピック・センテンスと関連のない文を二重線で削除せよ。

がんとの闘いにおいて，人類は進歩を重ねてきている。1900年代の初めには，ごくわずかな確率の人だけががんを克服して生き永らえることができた。しかし，医療技術の進歩により，現在ではがんに罹った10人のうちの4人が生き永らえている。肺がんの直接の原因は，喫煙だということが証明されている。近年ではというと，今年がんに罹る10人のうちの4人が5年後も生きていられるだろう。

練習 19

段落の分け方が適切であるかどうかを検討せよ。

　絵画の価値は，市場における権力と切り離して語ることは難しい。例えば，美術業界では，非常に大きな影響力を持つアートレビュー誌が存在する。また，世界的オークションでは，作品の最高落札額が年々更新されていき，世界に新たな基準を作っていく。絵画の価値は，その造形的美しさのみで決るわけではないのである。ただし，絵画の美しさを商業的価値と結びつけない場面もある。
　教育現場では，絵画は，美に対する鑑賞眼を育成する教材となる。その絵画が生まれた歴史的背景が学習内容となる科目もある。セラピーでは，絵画の美しさが人の心理にプラスの影響を与える。これらの場面では，絵画の美しさが商業的価値と結びつけられていないからこそ，絵画に価値が見出されるのである。

---

2 パワー・ライティング　　パラグラフ・ライティングに引き続き，アメリカで生まれた文章作成法をもう1つ紹介しよう。パワー・ライティングである。

　パワー・ライティングは，**言葉の抽象度に着目しながら文章を作成する**方法である。抽象度を「パワー」という言葉で表し，抽象度の高さを数字で示す。「パワー1」が抽象度の最も高い段階で，続いて「パワー2」，「パワー3」と，抽象度が下がっていく。

　たとえば，語句で示すなら，次のようになる。

　　　パワー1　　法律
　　　　パワー2　　刑法
　　　　パワー2　　民法

文で示すなら，次のようになる。

　　　パワー1　　日本は，4つの大きな島で構成されている。
　　　　パワー2　　最も北に位置する島は，北海道である。
　　　　パワー2　　最も大きな島は本州である。
　　　　パワー2　　本州の南に位置する島が四国である。
　　　　パワー2　　全体の西に位置する島が九州である。

語句や文を書き出す位置も，抽象度が下がるにつれて右にずらされていることに注目してほしい。同じパワーの語句や文は，同じ位置で書き出されている。

アメリカ，イリノイ州で，中学1年生の国語の授業を見学したことがあった。作文の授業をするというので見学に行ったのである。はじめに，先生が黒板に「○○について」と大きく書いた。そして，その下に数字の列を書いた。すると，子どもたちが一斉にペンを走らせ始めるのである。先生の指示はそれだけで，子どもたちはひたすら紙にペンを走らせ続けていた。筆者は，魔法にでもかかったようなこの作文授業がいったいどのような仕掛けになっているのかと先生に尋ね，このパワー・ライティングを知ったのである。

この作文の授業では，先生は，段落のパワーを黒板に指定していた。上の例のように，語句や文のパワーで子どもたちは練習をし，徐々に書く単位を段落へと広げていたのであった。その結果，黒板に書かれたたった2行の指示を見ただけで，長い作文が一定の構成で書けるようになったのである。

パワー・ライティングの「パワー」は，『文章の力』ばかりでなく『言葉の力』，ひいては，『書き手の権力』をも含蓄しているように推測される。アメリカの作文教育研究では「権力」に関わる研究が多いことに，留学中，驚かされたものである。たとえば，文章評価に関する論文で，教員に付けられたコメントと友達に付けられたコメントとでは書き手はどちらをより採用するか，という調査があった。あるいは，移民が，書くという行為を使って社会階層をどのように昇っていくかを調べた研究があった。パワー・ライティングは，力強く書くことによって権力を得ていこう，というメッセージを秘めた文章作成法なのである。

ただし，中学生向けに書かれたパワー・ライティングの指南書には，次頁のようなかわいらしい例が載っていた（J. E. Sparks, *Write for Power*（Los Angeles: Communication Associates, 1982）pp.6-7 部分を筆者が翻訳）。

パワー・ライティングは，物事を説明するために書く文章や，相手を説得するために書く文章で使うことができる。物語などの創作的な文章にはあまり向かない。抽象度に着目して文章が組み立てられるので，書き手は思考を「抽象⇔具体」という観点から整理することになる。それによって，読み手にもわかりやすい文章が作成される。ビジネス文章にも有効であるため，ビジネスマン

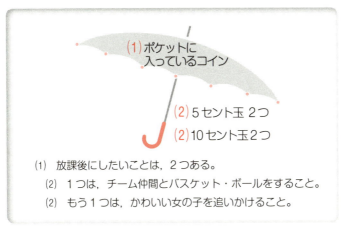

図5 ● 子ども向けのパワー・ライティング参考書の説明図

向けに出版された指南書が存在する。

　次は，ジャーナル論文に掲載されている文章に，文の単位でパワー番号を付したものである。

> 【パワー1】ジェンダー問題は女子受刑者処遇とも大きな関係をもつ。【パワー2】1つは，社会における女性のあり方が男性とは異なることと関係して，女子受刑者には男子受刑者とは異なる特性があるということである。【パワー3】これは例えば，女子受刑者の「被害者性」と呼ばれるもので，女子受刑者には薬物使用者が多いが，パートナーから強要されるような形で始める者が多いというようなこと等である。〔一文省略〕
> 【パワー2】もう1つは，女子受刑者は男子受刑者に比べ，非常に数が少ないため，男性ほど処遇のバリエーションがないという点である。【パワー3】例えば日本の刑務所では，属性及び犯罪傾向の進度の組み合わせ別で受刑者を収容する施設を分けているが，女性には「女子」という属性が第一次的に付され（男性には「男子」という属性はない。），犯罪傾向の進度や刑期の長短は女子刑務所の選定において考慮されない。(矢野恵美「スウェーデンにおけるジェンダーの視点から見た受刑者処遇」犯罪と非行176号〔2013〕155頁)

論文を書く際に，書く対象をパワーにあてはめて分析すると，より明確な思考が展開できるであろう。まず，全体の主張あるいは結論を【パワー1】とするなら，主張や結論に到達するまでにいくつの争点が存在するかを整理し，それらの争点を【パワー2】とする。次にそれぞれの争点の結論に至る具体的根拠を【パワー3】として挙げる。これらを，パワーごとに字を下げて段落を作っていくと，整理された論考になるであろう。

練習 20

文パワーを特定せよ。

〔 〕パソコンは便利な道具である。〔 〕まず，文書が作成できる。〔 〕ワードで書くと保存もできるし修正もできる。〔 〕また，インターネットで世界とつながる。〔 〕グーグルで検索をして海外から本を取り寄せることができる。〔 〕さらに，統計処理をしてくれる。〔 〕ＳＰＳＳは多変量解析ができる。

練習 21

段落パワー構造1, 2, 3, 2, 3, 1で，文章「日本の平成生まれが，戦後70年を経た現在，考えるべき事柄」を作成せよ。

練習 22

新聞の社説を1編選び，段落パワーを特定せよ。

3 段落を作る　　さて，ここで，日本語文章における段落について考えよう。アメリカの文章技法であるパラグラフ・ライティングやパワー・ライティングでは，パラグラフがひとまとまりの内容を示す，「主張⇔根拠」であったり「事例」であったりすることが求められていた。各パラグラフの分量も，だいたい同じように作ることが求められる。しかし，日本語文章においては，段落の機能や分量には，もう少し自由がある。

日本語文章では，一文で構成される段落も許されるのである。一文一段落で

ある。たとえば，これから検討する事柄に対する問いかけの文を一文で示すことがある。あるいは，主張を述べながらこれから根拠を2点示すという予告を一文で示すことがある。このような一文は，次にくる段落内容に対する「問い」や「予告」であり，単独で機能しているのである。

　一文で独立させることのできる段落を作らずに，この一文を次の段落とつなげてしまうと，次の例文のように段落同士の関係が不平等になる。

> 　日本の大学における文章作成指導は，次の2点において発展が望まれる。第1に，学年ごとの指導内容が系統的に整理されていない。語学クラスで求められる文章技術，レポート一般に求められる文章技術，卒業論文に求められる文章技術を分けて順に指導すると，より効果的であろう。
> 　第2に，全学共通で指導できる文章技術と，専門分野で必要な文章技術とを分けるか否かがはっきりしていない。そのため，学部で個別に文章指導を行っている大学と，全学共通の授業で文章指導を行っている大学とが混在している。

　上の例文では，「予告」を示す文が第1の論点とつながっているため，最初の段落が「予告＋第1の論点」，2番目の段落が「第2の論点」となってしまっている。この不平等さを修正するには，「予告」を示す文を独立させればよい。

> 　日本の大学における文章作成指導は，次の2点において発展が望まれる。
> 　第1に，学年ごとの指導内容が系統的に整理されていない。語学クラスで求められる文章技術，レポート一般に求められる文章技術，卒業論文に求められる文章技術を分けて順に指導すると，より効果的であろう。
> 　第2に，全学共通で指導できる文章技術と，専門分野で必要な文章技術とを分けるか否かがはっきりしていない。そのため，学部で個別に文章指導を行っている大学と，全学共通の授業で文章指導を行っている大学とが混在している。

　修正された文章の方では，予告が一文一段落で示されており，全部で3段

落となっている。「予告」「第1の論点」「第2の論点」という構成である。パワー・ライティングの考え方を用いれば，【パワー1】，【パワー2】，【パワー2】の3段落である。

　要するに，どこで改行するかをよく考える必要がある。改行は，「ここまでをひとまとまりとする」という書き手の意思表示である。そして，改行して段落を作るごとに，その段落の機能を個別に設定したことになるのである。その機能を自覚して設定すると，読み手に意図がよく伝わる文章になる。PART Ⅲ 4「段落の用い方」で「むやみに改行しない」と述べられているように，自覚的に段落の機能を設定する必要がある（⇨ PART Ⅲ 4 2「段落を用いる文章の実践例」）。

　この，段落の機能は，段落に見出しをつけることによっても自覚を強めることができる。「予告」「第1の争点」「第2の争点」，あるいは，「結論」「根拠1」「根拠2」「根拠3」などの見出しである。このような見出しを実際に書くかどうかはともかくとして，意識するだけでも，かなり整理された文章になるであろう（⇨ PART Ⅲ 4 3「附番について附録の話」）。

　言うまでもなく，字を下げて書く形式や附番なども，同様に段落同士の関係を整理して示すことに役立つ。

練習 23

　段落の区切り方は，これでよいか。パワー・ライティングの視点から検討せよ。

　日本では，少子高齢化に伴い外国人労働者が増えている。外国人労働者は，日本で暮らすという状況において旅行者とは異なる苦労を強いられる。
　日本で暮らす外国人が苦労する点にはどのようなものがあるか。まずは，言葉で苦労するだろう。銀行口座を開く際に，窓口での会話が難しいとよく聞く。家に家財道具を揃えても取扱説明書を理解できない人が多いとも聞く。
　また，マナーで苦労があるだろう。突然お中元が送られてきて何のプレゼントか分らなかったと言っていた外国人の友人がいる。人の家に上がるときに玄関で自分の靴を揃えるのだと，日本の学校に行き始めた子どもから聞いて初めて知ったと言う人もいる。このように，日本で暮らす外国人には，日本人にとっては当たり前に思える，言葉やマナーの点で苦労がある。

COLUMN ❿ 条文はリマインドをしない

　法科大学院に社会人で入学してきた学生さんから抗議を受けたことがある。「先生は，1月前に『学習報告書は，○月×日までに提出しなければならない』というルールを告げました。もう締切まで1週間を切りました。再度の指示をするルールを出さなくてよいのですか。忘れている人だっていますよ。企業や役所では，きちんとリマインドをすることが常識ですけれど」という話である。

　法律表現の特色というよりも，条文起草の実務というべきであろうが，リマインドのルールというものは考えられない。「学習報告書は，○月×日までに提出しなければならない」という案内を仮に法文に見立てて考えるとして，その場合において，「学習報告書は，過般に発出したルールのとおり，○月×日までに提出しなければならない」というルールを書く法律家はいない。条文起草においては，論理的に意味が重複する規範提示はしない，という約束がある。特に日本の法制執務において，このことは厳守されている。これは，ルールを誤解なく簡潔に提示するという要請に基づく。ルールの読み手が1つの文を読んで理解することで済む，という効率の確保が期されている。もしどうしてもリマインドが望まれるのであれば，規範の形式段階を異にするものとして確認にすぎないことを明らかにするほかない。「過般にルールで定められたとおり，学習報告書は，○月×日までに提出しなければならないものであるから，念のため注意を喚起する」というものになる。

　リマインドのような時間間隔の処理にとどまらず，同一の機会に提示される法文においても論理的に重複する説明の文は置かない。日常の会話においては，「明日の飲み会の待ち合わせは，東京駅の丸の内口ですよ。八重洲口でないほうですからね」というような説明は，見方によっては，丁寧で親切な説明であると感じられるかもしれない。しかし，条文においては，第2文の伝達内容が第1文のそれに包含され，重複があることから，第1文のみとしなければならない（⇔ 2 | COLUMN ❾の，饒舌を避ける，という案内も，あわせてお読みいただきたい）。饒舌に第2文を加えると，あるいは日本橋口である可能性が少しは残るかもしれないね，などという余分な誤解を生む。条文の書き手は寡黙でなければならない。述べれば述べるほど解釈の可能性を誘う。

　これとは別の問題であるが，論理的に重複するのではなく，むしろ論理的に絞っていかなければならない場合は，そのことを明瞭に文章にして伝える必要がある。条文の起草においては，「東京大学の学生であって法科大学院に在籍するもの」などとする。東京大学に学ぶ人がたくさんいる中から，法科大学院にいる学生に限定しようとしている。限定された後の最後のところは，「もの」とする。「者」とはしない慣行である。よく変換漏れですね，という指摘を受けるが，こ

れで正しい。「者」であることはすでに「学生」と述べたところで尽くされており、物でなく人を示す概念であることは一度伝えることでよい（⇔PART I 3 5「文章の平易性と論理性」）。

4 全体を整える

　本項では、文章を明確にし、読み手がたやすく内容を理解する助けとなる文章全体に関わる技法をいくつか復習する。これらの技法は、すでに大学や高校で学んでいるであろうもので、特に珍しいものではないが、使いこなすと格段に文章をわかりやすくすることのできる技法である。

❶ 問いと答えの呼応　　答案やレポートでは、設題と解答が適切に呼応している必要がある。過去に書いた答案またはレポートを1編取り出し、「問い」が書かれてある部分と最後の「答え」が書かれてある部分をつなげて読んでみよう。一貫しているだろうか。
　問いには、さまざまな種類があることを知っておくとよい。是非を問う種類がある。あるいは、どのようにと方法を問う種類がある。これら問いの種類を見極め、的確な答えを導き出すようにすると、問いと答えの呼応した文章となる。次の例で確認しよう。

　　問い　AがCに対して反論(1)をすることは、法律上の意見として成立するか。
　　答え　AがCに対して反論(1)をすることは、法律上の意見として成立する。

　　問い　被疑者取調べの一部録画について、調査対象弁護士はどのように評価するか。
　　答え　調査対象弁護士は、録画対象の選別自体が中立・公正さを欠くという懸念を強く示した。

最初の「問い ― 答え」は，成立するか否かを問う，いわゆる是非の検討を示している。2番目の「問い ― 答え」は，どのように評価するかを問う，いわゆるHowの検討を示している。ほかには，誰が，いつ，どこで，あるいは，どちらの条件下で，などの検討があるだろう（⇨ PART Ⅲ 2「小分けをして考える」）。

　大きな「問い ― 答え」の中に，複数の小さな「問い ― 答え」が含まれる場合もある。いわゆる入れ子式の構造である。答案では，検討事項が入れ子式の構造で書かれることが多いのではないだろうか。その場合は，入れ子になっている構造を読み手にわかるように示すことが大切である。番号や記号でレベルを表す，字下げして視覚的にレベルを示す，あるいは言葉の表現で案内するなどの工夫をすることができるだろう。

練習 24

　次の文章の序論部分と結論部分は呼応しているか。なぜか。呼応していない場合，修正せよ。

日本企業において英語を共通語とする問題

　本稿では，日本企業が英語を共通語にする際に起きる問題点を挙げる。意思疎通に関わる懸念，費用，文化に及ぼす影響という問題を挙げる。

　日本企業で英語を共通語にする際に起きる問題点は以下の3つである。第1に，職員間の意思疎通に不便をもたらす。多くの日本人社員の母語は日本語である。英語で会話することに慣れない人が圧倒的に多いであろう。したがって，自分の意見などを適切に表すことができず，職員間の意思疎通に支障をきたすおそれがある。第2に，日本人社員の英語研修に莫大な費用がかかる。たとえば，50人の社員に対する英語研修を6か月継続すると，約1千万円かかるであろう。第3に，日本文化の影響が弱まるおそれがある。日本独特な企業文化があればこそ，戦後の高度経済成長期があった。日本語を使わなければ，文化の消失も避けられないであろう。文化に関する悪影響は計りしれない。

　日本企業内で英語を共通語にすると，職員間の意思疎通に不便をもたらし，膨大な費用もかかる。さらに，日本の企業文化の影響を弱めるおそれもある。したがって，日本企業では日本語を話すことが必要である。これまでと同様，日本語を共通語としていくのがよい。

2 数え上げ

「これから,すばらしい景色の見える所に御案内しましょう」と目隠しをされて手を引かれていくのと,「これから,この地図に沿って,すばらしい景色の見える所に御案内します。一緒に地図を見ながら進みましょう」と言われて歩くのとでは,どちらが安心か。数え上げという技法の効果を教示するためにこの比喩を用いたのだが,相手が学部生だったからか,あるいは指導力のなさからか,おそらく指導力のなさからであるが,多くの学生が「目隠しのほう!」と答えてしまった。筆者が教鞭をとり始めて間もない頃の授業である。

目隠しをされて行くほうがわくわくするから,というのが学生たちの理由であったが,推理小説ならともかく,説明を読む文章においては,どこを通っているかわからない状況は苛立ちのもとである。地図を見て,どこに行こうとしているかを知っておき,また今,自分がどこにいるかを確認しながら進むほうが安心である。

先に目的地を知らせ,現在地を確認しながら進ませる方法が,数え上げである。数え上げは,法律文書では随所で見られるので,詳しい説明は不要であろう。ポイントは,これから何を数え上げるのかを宣言し,実際に数え上げながら書き進めるという点である。

以下は,1つの段落の中で数え上げが行われている例である。

> (1) 代理(民法99条)の成立要件
> 　第1に代理人に有効な代理権があること(代理権の存在),第2に代理人が権限の範囲内で意思表示をなすこと(代理行為の存在),第3に代理人が意思表示の際に本人のためにすることを示すこと(顕名)が必要である。以上の要件を充たすと代理人が行った行為の効果が本人に帰属する。

この文章では,「(1)代理(民法99条)の成立要件」とし,節の見出しが数え上げる対象を示している。本文中において次のように数え上げの予告をすることもできる。

> 代理(民法99条)の成立要件は以下の3点である。

代理（民法 99 条）の成立要件は 3 つある。

　上記の例では，数え上げの中身も，表現方法が揃っていてわかりやすい。それぞれの点が地の文と括弧で構成されており，地の文では各要件の説明，括弧では各要件を一言で言い換えたものが示されている。数え上げは，段落中に行うことができるほか，複数の段落を使って項目を立てたり，節ごとに項目を立てたりすることができる。

　数え上げる際に留意すべき点の 1 つは，数え上げる対象が並列に整理される点である。たとえば，第 3 点が第 2 点に含まれる内容だとすると，読者は当然，混乱する。並列になるよう，論点を整理した上で番号を付す（⇨ PART Ⅲ **4 3**「附番について附録の話」）。

　なお，附番は，これも基本的な点であるが，一般的に使われるレベルの順序があるので，レベルを逆転させないように使う。Ⅰ Ⅱ Ⅲ が最高位のレベルである。そして順に次のように下がる。1 2 3 …，(1)(2)(3)…，1) 2) 3)…，①②③…である。法律文書では，番号ではなく片仮名やアルファベットもよく使われる。裁判実務が用いるものを参考として紹介すると，上から下へという順序で示すと，1 2 3 … の下が (1)(2)(3)…であり，その下がアイウ…であり，さらにその下が(ア)(イ)(ウ)…となる。

　文章における数え上げは，読み手に案内人をつけるようなものである。最初に目的地を告げ，ともに現在地を確認しながら歩くのである。このようにすれば，読み手は迷うことなく，書き手の意図した目的地に到達する。

練習 25

数え上げを予告する文を記せ。

[   ]

　1 つには，日本の治安がよいからである。持ち物を盗まれる心配をしながら街を歩くことがない。2 つには，日本のおもてなし精神が世界に知られているからである。和を尊ぶ精神が人をもてなす文化に表れている。3 つには，日本人が何事にも真面目に取り組む努力をするからである。交通機関を時間どおりに，イベ

ントを計画どおりに進めようとする。

練習 26

数え上げる書き方は適切か。不適切だとすると，どこを修正するか。

　留学生である筆者にとって，日本のお中元，お歳暮は，賛嘆に値する習慣である。以下に2つの理由を述べる。第1に，目上の人に対して日頃の感謝や御無沙汰のお詫びを，一斉に贈り物によって表現できるのだから，まだまだ「縦社会」である日本では便利な習慣である。第2に，独り暮らしのお年寄りに対して季節の贈り物をすることができるので，高齢化の進む日本では必要な習慣である。ある日，知人から心のこもった贈り物が届くというのは誰にとっても嬉しいものである。

3 序論・本論・結論という構成

　さて，ここで，レポートをわかりやすく展開させるための構成について考えよう。

　レポートでは，一般には，これから自分が何をするかを示し，それを実際に行い，最後に何をしたかを示す。これから何をするかを示す部分は，序論部分と呼ばれる。実際に行う部分は本論部分，何をしたかを示す部分は結論部分である。

　序論部分と本論部分と結論部分では，したがって，**同じ内容が3回繰り返して述べられる**。すなわち，本論部分で内容がひととおり述べられるが，同じ内容が序論部分では〈予告〉され，結論部分では〈復習〉される。3つのパーツをつなぎ合わせて1つの内容にするのではなく，内容が3回繰り返されるのである。そのため，読者には要旨が頭に入りやすい。枚数の多いレポートでは，とりわけ役立つ技法であろう。

　内容を3回繰り返すという意識で序論部分を作成すると，序論部分には何が書かれるだろうか。設題をそのまま書き写して序論部分としているレポートを見かけるが，それでは不十分であることがわかる。序論部分は，「本論全体の内容」を〈予告〉という形で書き表したものであるから，本論部分でやろうとしていることをかいつまんで記述するのである。たとえば，設題が，「……と

いう場合において，建物の明渡しを請求することができるか」であったとする。このとき，序論部分を，「本問の場合において，建物の明渡しを請求することができるか」とするのでは不十分である。「本問の場合における建物の明渡請求の可否を検討する上で重要なことは，明渡請求の要件として，……という要件と……という要件が充たされなければならないということである」と，本論部分の要点を書き出すのである。

　同様に，結論部分は本論部分の内容を〈復習〉という形で書き表したものであるから，再度，本論内容の要点をかいつまんで書き出すことになる。ただし，答案の場合は，すべての要点を再度書き出す手間が省かれても許容されるであろう。

　レポートの序論部分に本論部分の要点を書き出すことには，どのような利点があるだろうか。まずは書き手自身が，本論部分を確実にそして楽に作成することができる。序論部分ですでに目次を示したようなものであるから，ずれないように本論部分を書き進めることができる。予定した論点をすべて書き終えないうちに結論を出したり，途中から横道にそれたりすることを防ぐことができる。多くの検討事項が複雑に入り込んでいるような状況を分析する際にも，到達点を見失わずに済む。書き手ばかりでなく，読み手にとっても，〈予告〉されたとおりに本論部分が展開されていれば，一貫した内容を繰り返し読むことになり，頭に入りやすい文章となる。結論部分で本論部分の要点を繰り返すことにも，同様の利点がある。

　ただし，上述の技法は，主にレポート文章に有効であり，法律や条例の規定にそのまま当てはまるものではない。COLUMN ❿「条文はリマインドをしない」（⇨3）にあるように，法令の規定においては，「読み手が1つの文を読んで理解することで済む，という効率の確保が期されている」ため，内容を繰り返す技法は使われない。

練習 27

　次の文章に，本論部分に合う序論部分と結論部分を加筆せよ。

日本語での片仮名語の使用について

　日本で英語教育が始まってから，たくさんの外来語が使用されるようになった。過剰に外来語が使用されることによって起こる問題は以下のようなものである。
　まず1つ目に，外来語の知識が英語を学ぶ際の邪魔になってしまう点である。外来語として使用される際に，原語本来の意味と違っている場合がある。したがって，英語を学ぶ際に混乱してしまう。また，片仮名語を先に覚えてしまっているため，原語の発音がうまく習得できない場合がある。
　次に，外来語は一部の人にしか通じないという点である。現在過剰に使用されている外来語は，英語教育を受けた経験のない高齢者にとって理解しにくい。
　外来語の過剰な使用によって引き起こされる問題の解決策には，以下のようなものがある。まず，日本語に同じ意味の言葉がある場合は，なるべく日本語を使用するように心がける。次に，海外の言葉を取り入れる際には片仮名語にせず，意味も表記もそのまま取り入れる。

3 文章作成スタイルをもつ
計画と点検

　本節では，文章作成過程について考える。皆さんは，課題が与えられると，どのように答案やレポートを書いているだろうか。また，書き上げた後，どのように見直しているだろうか。ここでは，文章作成における計画と点検について，具体的に考える。そして，文章作成前や作成後のスタイルを確立することを目指そう（⇨PART Ⅲ 11「自分のルールを作る」）。自分の文章作成スタイルをもつと，書くことが楽になり，自信につながるものである。

1　文章作成前の計画

　人々に，「どのように文章を書いていますか」と聞くと，さまざまな説明がなされる。
　ある人は，一文目から順に書く，そうしないと考えが積み上げられないという。ある人は，箇条書きのアウトラインをパソコン上でつくり，その骨子に肉付けする形で内容を付け加えていくという。また，ある人は，書けるところから書き，最後は穴埋めするという。結論の段落を最初に書いてその段落内容に合う内容を手前に書くという人もいた。文章作成の過程は，このように人それぞれである。
　計画に要する時間も，人それぞれである。計画とは，何を書くかという内容や，どのように書くかという構成に関わる計画である。「文章を書き始める前に，どれくらい計画しますか」と聞いて，文章作成力の高い人ほど多くの時間

を計画に割くという結果を得た研究もある。文章作成力の低い人は，あまり計画せず，行き当たりばったりで書き始めるのである。文章作成力の高い人は，計画に使う時間を惜しまず，よく計画を練ってから一気に書くという。皆さんは，計画にどれくらい時間を割いているであろうか。

　ポイントは，考える順序と書く順序は必ずしも一致しないという点である。とりわけ，紙とペンを使って作る答案は，パソコンと異なり後から文や段落の順序を入れ替えることができないため，概要を計画することが必要である。すなわち，答案構成用紙をどう活用するかが重要である。**答案構成用紙上で考えながらできあがりの文章を頭に描き，それに沿って書き進める**ことが賢い。最後にどのような文章ができるか自分でも不明なまま，つらつらと考える順序で書いていると，さまざまな問題が起きる。時間切れとなって肝心な結論部分が書けなくなったり，論証するポイント同士のバランスが悪くなったりする。

　答案構成用紙で，次のような作業をすることが有効であろう。

(1) 論点を見抜いて，書き出す。
(2) 論点の中の小論点を整理し，書き出す。
(3) 論じる順序を決める。

(1) 論点を見抜いて，書き出す

　まず，設問に内在する論点を見極めよう。PART Ⅲ 3「組立てを考えて書く」では，「事案を分析して問題点を発見する」手立てが詳しく説かれている。また，「法文のなかにある規範」を発見し，発見した規範を「事案に適用」して結論を示す。この一連の検討を答案構成用紙上で行い，まずは大きなアウトラインを作るとよい。

(2) 論点の中の小論点を整理し，書き出す

　上述の，「法文のなかにある規範」を発見する際に，同じく，PART Ⅲでは，「法条の絞り込み」をし，「各法条の検討」を行い，「解釈の対立」に対する意見をどう述べるかを考えよとされている。すなわち，「法条の絞り込み」をした後は，小論点についての議論を計画することになる。また，「事案に適用」する際にも，「事実の有無」の検討を要する場合がある。これらは，(1)で作ったアウトライン上の項目に対して下位項目にあたる検討となる。アウトライン

上の大項目の下に、いくつの下位項目があるかを、ここで考え、リストアップしておく。

(3) 論じる順序を決める

論点をどのような順序で提示することが有効であるかは、設問によるであろう。一般には、前置問題と後続問題とに分けて論じると的確な答案となる。誰から書くかも検討する必要がある。当事者に近い者から順に検討していくという順序が一般的だが、時系列、あるいは空間順で論じるほうが有効である場合もある（⇨PART Ⅰ 5 6「検討の順序に留意すること」）。状況をみて、論じる順序を決め、答案構成用紙上に番号を振っておく。

ここまで計画できたら、後は、一気に答案を書き進めることができるであろう。答案構成用紙で作成したアウトラインの大項目と小項目が、そのまま答案の見出しになるはずである。大項目と小項目の別に注意しながら番号を振って書くと、わかりやすい答案となる（⇨PART Ⅰ 3 6「事実を伝える文章の論理的構造」）。

時間配分も計画の一部である。新聞記者は、デスクに提出した記事が紙面の都合で短く削られることを想定して、重要な情報から順に書く習慣を作るという。記事の後ろ半分が削られた場合にも、意図した主旨が伝わるように書いておくのだそうである。答案で、計画どおりに書き進めると時間が足りなくなりそうな場合は、アウトラインとなる見出しだけでも先に記しておくなどの工夫も有効であろう。

答案構成用紙上での計画は、自分が居心地よいと感じる書き方を特定しておくとよい。よりアイディアが浮かびやすく、かつ思考が明晰になるメモ作成スタイルを決めておくのである。自分のスタイルをもっていると、書く対象は馴染みのないものであっても、何をどのように書いたらよいか皆目見当がつかないという状態にはならないであろう。考えた事柄を、落ち着いて書き記すことができる。

練習 28

答案構成用紙を想定した白紙に、設問に対するアウトラインを作り、各論点に対する小論点を示し、論じる順序に番号を記せ。

[設問] 甲は，自動車事故を装った方法によりA（女性）を自殺させて保険金を取得しようと企てた。甲は，暴行，脅迫を交え，Aに対し，漁港の岸壁上から乗車した自動車ごと，真冬の真夜中，水温5度の海中に自ら飛び込んで自殺するよう執拗に命令し，Aにおいて，自殺の決意を生じさせるには至らなかったものの，甲の命令に応じて車ごと海中に飛び込む以外の行為を選択することができない精神状態に陥らせ，そのとおり実行させた。しかし，Aは水没前に車内から脱出して死ぬことをまぬがれた。甲の刑事責任について論ぜよ（⇨ PART Ⅰ 3 3「事実問題（事実認定）と法律問題（法解釈）」）。

2 文章作成後の点検

さて，答案あるいはレポートを書き上げたとし，少しの時間が残されているとしよう。あなたは，その時間を使って文章をどのように点検するだろうか。

文章作成前の計画と同様，作成後の点検においても，ある程度のスタイルをもつことを薦めたい。短い時間で文章を点検するための有効なポイントを知っておき，最後の瞬間まで文章を磨こう。

ここでは，筆者が運営するライティング・センターにおいて，文章作成指導者であるチューターたちが使う方法をいくつか紹介したい。ライティング・センターは，利用者とチューターが対話をしながら文章を修正する方法をともに考える個別支援機関である。ライティング・センターには，学部や研究科を問わず利用者が訪れるので，文章の内容はさまざまである。その上，文章の提出先，長さ，締切りまでの日数などが異なるので，すべての個別支援が固有の状況の中で行われる。

こうした中で，利用者とチューターは，45分間のセッションで何を検討するかをまず話し合い，セッションの目標を立てるのである。締切りまでの時間が短い場合に，セッションで何をするとよいかの議論が参考になる。「このレポートは，明日，提出します」という利用者は大変多いが，「今日の午後5時までに提出するんです」と3時頃にやってくる人も少なくない。このような場合に文章をどう点検するとよいかについて，チューターたちは，共通した理解

や技術を編み出してきた（**佐渡島紗織 = 太田裕子編**『文章チュータリングの理念と実践――早稲田大学ライティング・センターでの取り組み』〔ひつじ書房・2013〕）。

残されている時間が短い場合の点検項目は，次のようなものとなるであろう。

◆ 設問に答えたかどうかを点検する。

　設問に対してずれた解答をしていないかを確認する。出題者の意図を汲み，必要十分な解答を提示したかを確認する。

◆ キーワードを確認する。

　キーワードが，同じ意味範囲で使う意図であったのに別の語句に置き換えられていないかを確認する。

◆ 記号や番号を確認する。

　当事者の名前や記号（甲，乙など）が取り違えられていないか，条文の番号が正しいか，条文の引用が正しいかを確認する。

◆ 見出しを点検する。

　見出しがわかりやすいかを確認する。論点が大きな番号で示されているか，小論点が小さな番号で示されているかを確認する。

◆ 誤字脱字と「てにをは」を点検する。

　文章における表層的な要素である。手早く点検する（⇨ PART Ⅲ 10「誤字の頻出例」）。

ここまで点検ができたら，あなたの文章は，書かれ方においてはずいぶん整頓されたものになっているはずである。自信をもって提出しよう。

1970年代にアメリカで発足したライティング・センターでは，文章作成支援において何をどのような順序で相談にのることが有効であるかという議論が継続的に行われてきた。たとえば，文章の表層的な要素と，内容に関わるような深層的な要素とでは，どちらを優先的に支援するのがよいかという議論がある（佐渡島 = 太田編・前掲250-251頁）。

答案を書くという状況について考えるならば，ほとんどの時間を文章作成そのものにあてたいわけであるから，表層的な点検だけでも，行えればすばらしい。

さらに時間がある場合は，言うまでもなく，内容に関わる点検をする。

PART Ⅲ 3「組立てを考えて書く」で，教導されているような組立てで検討が行われたか，内容は十分かを確認することになるだろう。また，PART Ⅰ 3 で挙げられている「『良い文章』とされるための形式的条件」や同 4 で挙げられている「『良い文章』とされるための実質的条件」という観点から文章を点検するとよい。

　点検の項目や優先順位は状況に合わせて選択することになるだろうが，自分のスタイルが確立していると楽である。日頃，答案文章の作成を練習する際に併せて練習をしておくとよいだろう。

練習 29

自身が書いた文章を次の点から点検し，不備を修正せよ。

- ☐ 設問に答えた。
- ☐ キーワードが一貫している。
- ☐ 当事者の名前や記号が正しい。
- ☐ 条文の番号が正しい。
- ☐ 条文の引用が正しく書き写されている。
- ☐ 見出しが的確である。
- ☐ 論点の附番，小論点の附番が適切である。
- ☐ 誤字脱字がない。
- ☐ 「てにをは」が適切に使われている。

PART II 練習問題 ● 解答（例）

練習 1 → 61頁

（解答例省略）

練習 2 → 64頁

（解答例省略）

練習 3 → 74頁

解答例

　この暗証番号は，それ自体は財物とはいえないが，銀行のカードとともに用いればかなり高い確率で預金を引き出すことができるものである。すると，Aには現金の占有があるといえる。甲は，Aの意思に反してその占有を自らの権限に移していると考えることができる。したがって，甲に強盗罪が成立する。

練習 4 → 75頁

設問❶

解答例

「思考」を修飾している2つの【　】部分が長い。
【様々な事柄が複雑に絡みあっている事象の全体像から個々の事象を整理する】思考
【何に着目して誰を主体にしてどのような順序で書いたらよいかという文章計画の】思考

　文章を書く際に，人は，2つの思考を同時に進めなくてはならない。1つは，様々な事柄が複雑に絡みあっている事象の全体像から個々の事象を整理する思考である。もう1つは，何に着目して誰を主体にしてどのような順序で書いたらよいかという

文章計画の思考である。

設問❷

解答例❶

　本稿が食品安全性に関する法律相談の内訳とその推移に着目するのは，目に見える形での食品安全性に関するリーガルニーズが高まりをみせているからである。たとえば，各地では消費者団体が結成されている。また，消費者センターへの申立件数が増加している。

解答例❷

　本稿では，食品安全性に関する法律相談の内訳とその推移に着目する。これらの点に着目するのは，食品安全性に関するリーガルニーズが高まりをみせているからである。各地では消費者団体が結成されている。また，消費者センターへの申立件数が増加している。リーガルニーズは，目に見える形で高まっているのである。

練習 5 　　　　　　　　　　　　　　　　　　　　76頁

解　答　例

　北川は，長い条文をどうすればわかりやすく読めるかという質問に，次の3点を回答として挙げている。「①まず，かっこ書きを飛ばして読む」，「②次に，主語と述語を押える」，「③条件を整理する」である（北川統之「条文の読み方Q&A」刑政1453号〔2013〕101-103頁）。

練習 6 　　　　　　　　　　　　　　　　　　　　78頁

解　答　例

　加害者という視点からいじめをみると，いじめは，加害者自身の内発的な問題と，加害者の置かれた環境という外的な問題とに分けて考える必要がある。内発的な問題は，本人の性格や行動パターンである。外的な問題は，家族の経済状態，親の教育観，クラスでの評判などである。内発的な問題は，本人への教育という形で対処しなければならず，外的な問題に対しては本人を取り巻く人々と連携をとりながら問題解決にあたらなければならない。

練習 7 　　　　　　　　　　　　　　　　　　　　79頁

解　答

設問❶
〔防寒着とリュックで身支度を整えたK君〕と〔L君〕が駐車場で待っていた。
防寒着とリュックで身支度を整えた〔K君とL君〕が駐車場で待っていた。
設問❷
すべての〔理由付記と記帳の義務〕について，変更が伝えられた。
〔すべての理由付記〕と〔記帳の義務〕について，変更が伝えられた。
〔すべての理由付記と記帳〕の義務について，変更が伝えられた。

練習 8   80頁

解 答
設問❶：医療費返還の申請を忘れないようにと，患者への呼びかけを強化した。
設問❷：国際情勢に鑑みて楽観は許されない。
設問❸：◎改札口に入る前に，上司に挨拶をしたほうがよい。
　　　　◎改札口を通る前に，上司に挨拶をしたほうがよい。
設問❹：最低生活費が確保されるよう，検討しなければならない。
設問❺：柵によりかかったり，手を出したりしてはいけない。

練習 9   85頁

解 答 例
　北欧では，省エネルギー，再生エネルギーの両面から，熱の有効利用を考えてきた歴史がある。なぜならば，北欧では，日照時間の短さや積雪の多さから，より多くのエネルギーが暖房のために消費されるからである。

練習 10   85頁

解 答
設問❶：しかも　（付加…前で肯定した上で付け加える）
設問❷：むしろ　（付加…前で否定した上で付け加える）
設問❸：つまり，すなわち，要するに　（解説）
設問❹：たとえば　（例示）
設問❺：ただし　（補足）

ANSWER

練習問題 ● 解答(例)

練習 11 .... 87頁

解答例

設問❶：上述した3つの理由により，厳重注意処分には及ばない。
設問❷：いったん駅に戻った理由は，未だに不明である。

練習 12 .... 93頁

解答例

　日本で受けることのできる英語の検定試験にはいろいろある。TOEFLやTOEICという，アメリカで開発され世界中に広められた検定試験もあれば，日本で開発された英検もある。IELTSは，イギリスで作られた。いずれにしても，日本人はもっと英語の検定試験を受けることに楽しみを見出すべきである。

練習 13 .... 95頁

解答例

　若者の投票率が低いことには，学校教育において，教員が政治的なものを避けてきたということがあるだろう。政治的中立性を保つために，教員個人の政治的志向を生徒に伝えることはタブー視されてきたのである。一票の平等を教えるためには，教員，生徒というものを越えて，対等な有権者として議論することが理想である。だが，教員の一言が生徒に与える影響は大きい。対等な議論と中立性を両立させる有権者教育を実践することが，教員には求められているのである。

練習 14 .... 96頁

解答例

　若者の投票率が低い背景には，学校教育において，教員が政治的な話題を避けてきたという事情があるだろう。政治的中立性を保つために，教員個人の政治的志向を生徒に伝える指導はタブー視されてきたのである。一票の平等を教えるためには，教員，生徒という立場を越えて，対等な有権者として，議論する指導が理想である。だが，教員の一言が生徒に与える影響は大きい。対等な議論と中立性を両立させる有権者教育を実践する努力が教員には求められているのである。

練習 15 .... ➡ 97頁

解 答 例
設問❶：確かに，バブル崩壊はクリーピング・クライシス（緩やかな危機）という一面があった。
設問❷：希薄な人間関係を打破するために講じる一対策

練習 16 .... ➡ 98頁

解 答 例
設問❶：以上，原因を3つ挙げた。
設問❷：注：~~職種について，~~現在技術部門に携わっている者は，企画書に加えて在職証明書も提出すること。
　　　注：推薦書~~については~~，必ず，「＊＊＊」宛とすること。
　　　注：英語母国語者は，英語能力証明書を，提出しなくてよい。

練習 17 .... ➡ 104頁

解答例❶
　ヨーロッパの大学とアメリカの大学とでは，評価の対象とする物事が異なる。

解答例❷
　授業への出席に対する評価方法，試験の種類や頻度が，ヨーロッパの大学とアメリカの大学とでシステムが異なっている。

練習 18 .... ➡ 104頁

解 答
　がんとの闘いにおいて，人類は進歩を重ねてきている。1900年代の初めには，ごくわずかな確率の人だけががんを克服して生き永らえることができた。しかし，医療技術の進歩により，現在ではがんに罹った10人のうちの4人が生き永らえている。~~肺がんの直接の原因は，喫煙だということが証明されている。~~近年ではというと，今年がんに罹る10人のうちの4人が5年後も生きていられるだろう。

129

練習 19 ⇨ 105頁

解答

　段落の分け方は適切ではない。第1段落目の最後の文は，第2段落目のトピック・センテンスである。第1段落目の最後の文を第2段落目の最初に置くと，それぞれの段落で内容が一貫する。

練習 20 ⇨ 108頁

解答

パワー1，2，3，2，3，2，3

練習 21 ⇨ 108頁

（解答例省略）

練習 22 ⇨ 108頁

（解答例省略）

練習 23 ⇨ 110頁

解答例

　【パワー1】に当たる部分を，独立した段落にすべきである。パワー番号を挿入した形で示すと次のようになる。なお，下の文例では，二つの論点（【パワー2】）を一つの段落に入れている。それぞれの論点を独立した段落にしてもよいだろう。

　【パワー1】日本では，少子高齢化に伴い外国人労働者が増えている。外国人労働者は，日本で暮らすという状況において旅行者とは異なる苦労を強いられる。日本で暮らす外国人が苦労する点にはどのようなものがあるか。

　【パワー2】まずは，言葉で苦労するだろう。【パワー3】銀行口座を開く際に，窓口での会話が難しいとよく聞く。家に家財道具を揃えても取扱説明書を理解できない人が多いとも聞く。【パワー2】また，マナーで苦労があるだろう。【パワー3】突然お中元が送られてきて何のプレゼントかわからなかったと言っていた外国人の友人がいる。人の家に上がるときに玄関で自分の靴を揃えるのだと，日本の学校に

行き始めた子どもから聞いて初めて知ったと言う人もいる。
　【パワー1】このように，日本で暮らす外国人には，日本人にとっては当たり前に思える，言葉やマナーの点で苦労がある。

練習 24　　　→113頁

解答例
呼応していない。
理由：序論部分では，目的を，「日本企業が英語を共通語にする際に起きる問題点を挙げる。」と予告したにもかかわらず，結論部分で，「日本企業では日本語を話すことが必要である。これまでと同様，日本語を共通言語としていくのがよい。」とし，予告を超えた内容を書いている。
修正法：序論部分に合わせて，最後の2文を外す。あるいは，序論部分を次のように変える。「本稿では，日本企業が英語を共通語にする際に起きる問題点を挙げ，日本語を話す必要のあることを主張する。」

練習 25　　　→115頁

解答例❶
　日本がオリンピック誘致に成功したのは，以下，3つの理由による。
解答例❷
　多くの人が海外旅行先として日本を選ぶ理由に，次の3つの点がある。

練習 26　　　→116頁

解答例❶
　留学生である筆者にとって，日本のお中元，お歳暮は，賛嘆に値する習慣である。以下に2つの理由を述べる。第1に，目上の人に対して日頃の感謝や御無沙汰のお詫びを，一斉に贈り物によって表現できるのだから，まだまだ「縦社会」である日本では便利な習慣である。第2に，独り暮らしのお年寄りに対して季節の贈り物をすることができるので，高齢化の進む日本では必要な習慣である。以上が2つの理由である。ある日，知人から心のこもった贈り物が届くというのは誰にとっても嬉しいものである。
（最終文を，2つの理由，双方にかかる内容として書いた場合）

練習問題 解答（例）

解答例❷

　留学生である筆者にとって，日本のお中元，お歳暮は，賛嘆に値する習慣である。以下に2つの理由を述べる。第1に，目上の人に対して日頃の感謝や御無沙汰のお詫びを，一斉に贈り物によって表現できるのだから，まだまだ「縦社会」である日本では便利な習慣である。第2に，独り暮らしのお年寄りに対して季節の贈り物をすることができるので，高齢化の進む日本では必要な習慣である。ある日，知人から心のこもった贈り物が届くというのは誰にとっても嬉しいものである。以上が2つの理由である。

（最終文を，2つ目の理由として書いた場合）

練習 27 ⇨117頁

解 答 例

- 序論部分：日本において，外来語が過剰に使用されることで起こる問題は何か。英語教育への悪影響と理解不能な人が出るという問題である。日本語の使用を促すことや外来語に意味を併記するという解決策が考えられる。
- 結論部分：外来語の過剰な使用は，英語学習の邪魔となり，高齢者に理解されない。なるべく日本語を使用し，海外の言葉は意味も表記もそのまま取り入れるのがよい。

練習 28 ⇨121頁

解 答 例

　Aを自動車ごと海に飛び込ませたことによる殺人未遂罪の成否

① 殺人未遂罪の間接正犯（刑法203条・199条）となるか，それとも自殺教唆未遂罪（203条・202条）にすぎないか。

　・被害者利用（意思抑圧）による間接正犯の要件

　―Aは，甲の「暴行・脅迫」により，「その命令に応じて車ごと海中に飛び込む以外の行為を選択することができない精神状態」に陥っていた。

② 殺人未遂罪となるか，それとも強要罪（223条1項）にすぎないか。

　・実行行為として要求される現実的危険性の有無

　―岸壁から車ごと海中に落下させた。

　―真冬の真夜中，水温は5度。

③ 甲がAにおいて自殺する意思があると誤信していたことが殺人の故意を阻却するか。
　・38条２項？
　・殺人の実行行為にあたる事実を認識していた→自殺意思の有無は重要ではない
（なお，PART Ⅰ 4 1 の最決平成16・1・20の引用およびEPILOGUEも参照）

 →124頁

（解答略）

PART III さあ，書いてみよう

1 まずは書き切る
2 小分けをして考える
3 組立てを考えて書く
4 段落の用い方
5 伝えようとする意志
6 根拠を示す
7 気負って書く必要はない
8 平易な接続表現の心がけ
9 長すぎる文の危うさ
10 誤字の頻出例
11 自分のルールを作る

　皆さんは，何か法律のことで文章を書くことを求められる立場にあるから，この本を読むということではないか。過去に自分が書いた文章とか，今書き進めている草稿といったものを手許に置きながらPART IIIを読む。そうすると，リアリティが高まる。その際，初めから後ろへ，と読まなければならないものでもない。ところどころ摘まんで読む，という方法もあり，である。

1 まずは書き切る

●次に工夫をする●

どうしたら良い答案を書くことができるか。

ノウハウを教えてほしい，と学生諸君から問われる際，教師としては，その前に確実にしてほしいことがある，と述べたい。

最後まで書かれていない答案は，意外に多い。「衆議院と参議院を比較せよ」という問いは，簡単であるから，たっぷり時間を与えたのでは実力を測ることができない。たとえば10分で書け，というような無茶な条件であっても，気持ちを集中させて筆を動かす，ということを全力で時間いっぱいする。それができるかどうかが，試される。残念な結果になる場合は，

> 衆議院の議員の任期は4年とされている（憲法45条，以下法文名略）。しかし，解散された場合は，その期間満了前に終了する（45条ただし書）。参議院の任期は6年とされ，3年ごとに議員の半数を改選する（46条）。衆議院は，参議院とは違い，国会における優越的な地位を

というような塩梅であり，答案の最後のところは，本当に「……地位を」で終わっているのである。こういうものが，少なくない。そこで止まっている理由が，時間がないためであるか，それとも衆議院優越の具体的説明ができなかったからであるか。さらに，答案の現実というものを考えるならば，それは手書きで草することが求められるから，日頃はコンピュータで文書を作成することにしている諸君にとっては，「漢字を覚えていないと書けない」，「段落をまるごと入れ替えることができない」などの不便（⇨PART Ⅱ 1 1「紙とペンで書く基礎体力」）もあることであろう。同じようなこととして，句点や読点を明瞭に記す

という注意も要る。句点が潰れてしまっていて，読点と見分けることができないものをよく見かける。

　上手に答案を作成することができない原因が，これらのうち，どれであるか。それは，わからないし，わからないというよりも，たいていは，これらの要因の複合である。衆議院の優越の具体例を想い起こしているうちに10分が過ぎたものであろう。この答案の評価は，著しく低い。厳しい採点者であれば，不合格にすると思われる。

　法律を学んでいくと，訴訟法の勉強のなかで，法定証拠主義という概念を知る。裁判官が判断をするのには，その根拠として証拠が要る。一般に証拠には，いろいろある。書面や電子化された文書，被告人や証人の供述，犯行に用いた凶器などが，証拠として用いられるかもしれない。歴史的には，証拠の種類が制限されることがあり，その仕組みは，法定証拠主義と呼ばれる。被告人の犯行を見たという証人が単数では十分でないが，複数の証人があれば有罪としてよい，ということであれば，複数の証言というものが法の要請する証拠，つまり法定証拠である。

　法定証拠主義という概念を用いて喩えを述べると，筆記試験は，1通の答案のみを証拠とすることが許される仕組みにほかならない。そこが，授業と決定的に異なる。授業においては，「たしか衆議院の優越ということがあって……」で言い淀む学生がいたとしても，教師は，その学生の表情を読む。優越というところまで思い出すことが精一杯であり，その中味は知らない学生と，たまたま流暢に述べることができないにとどまり，ほら，もう少し想い起こしてごらん，と励ますと，具体的な説明ができるであろう，という学生は，だいたい経験で見抜くことができる。

　筆記試験は，答案という書面のみを見る。「国会における優越的な地位を」で止まった答案を見て，きっと，あと少しで思い出すことができたにちがいない，という推認をすることはできない。できない，というよりも，してはいけないのではないか。その傍らには，優越の具体例を書き切った答案もある。それらを差をあまりつけない採点をするのと，意味のある落差を設けて採点することと，読者は，いずれが公平であると考えるであろうか。

1 まずは書き切る

　この本は，良い文章を書くことを奨め，そのための工夫を示すための本である。良い文章であるかどうかを考えるためには，入口の大きな前提がなければならない。文章が最後まで書かれていることである。

　料理に喩えて話をすることがよいであろう。人間にとって食は大切である。できれば，食欲を増すような美味な物を食べたい。そのためには，料理が上手かどうかという前に，食材がなければならない。どんなに優れたシェフであっても，牛肉や付け野菜がないのに，ステーキを出すことはできない。手許に何も食材がなければ，やがて私たちは，飢え，生存を脅かされる。

　試験も同じことである。言葉に飢えてはならない。良い文章や美しい文章を書く，という課題は，あとまわしでよい。とにかく最後まで書き切ろう。そのためには，どうすればよいか。概念が豊富に蓄積されていることが求められる。ひらたく言うと，たくさんの言葉を知っているということである。試験問題に接したならば，とにかく題意に関係する言葉を並べてみるというところから始めよう。国権の最高機関，唯一の立法機関，両議院，二院制，選挙，民意の反映，任期，解散，衆議院の優越，予算の先議，再議決，法律案，内閣総理大臣の指名，など多くの言葉をとにかく並べてみる。「語句を，多く的確に使えるようになっていると，書くスピードが早くなり，何よりも，思考する過程がスムーズになる」からである（⇔PART Ⅱ 2 2「語句を整える」「語のカテゴリーを自覚する」）。

　最後まで辿り着かない答案の多くは，ここのところで材料が少なく，概念が貧しい，ということが多い。その原因は，2つの場合があり，まず，そもそも概念が受験者の記憶に蓄積されていない，ということが考えられる。こちらは，この本では，どうしようもない。憲法の講義に出席し，憲法の本を懸命に読む。そのようにして，その分野の内容を知ることが大切である。それ以外にない。言い換えると，これは，読者の皆さんにお伝えしておかなければならないことであるが，この本は，憲法なり刑法なりの個別の分野の内容を伝える場所ではない。

　この本が引き受けるのは，原因の第2の場合である。すなわち，記憶を呼び起こし，とにかく言葉を思い出して並べる，ということができていない。そのことの大切さを説明した。それができたら，次にすることの案内もしてみたい。

2 次に工夫をする　ともかく書き切る，ということができるようになったならば，その次にすることは，良い文章にする工夫をすることである。再び食の営みを喩えにして述べると，ともかく食材がなければ飢えてしまう。味も何もあったものではない。しかし，食材がそろい，心に多少の余裕ができたならば，次は，おいしい料理にして，よく食欲を刺激することである。さあ，シェフの腕の見せ所です。そこで，これから PART Ⅲ においては，いままで PART Ⅰ・Ⅱ で培った考え方や文章作法を活かし，具体的に文章の書き方を考えていこう。どうしたら文章を工夫して書くことができるか。こういうところに注意してほしい，という話を以下に並べてみることにする。まずは，実際に書かれた文章の例を見て考えることにしよう。やはり両議院の比較を論じてもらったところの

答案例 ①

> 　国会は衆議院及び参議院の両議院で構成され，国権の最高機関であって，国の唯一の立法機関である。両議院は，全国民を代表する選挙された議員でこれを組織し，両議院の議員及びその選挙人の資格は，法律でこれを定め，人種，信条，性別，社会的身分，門地，教育，財産又は収入によって差別されない。衆議院議員は，任期が４年であるが，衆議院の解散の場合にはその期間満了前に終了し，法律案の議決と衆議院の優越，衆議院の先議と優越，条約の承認と衆議院の優越が参議院に対して及ぶ。参議院議員の任期は，６年とし，３年ごとに議員の半数を改選する。

という文章は，どうであろうか。皆さんも，読んでみて，この文章のどこに問題があるか，一緒に考えてみてほしい。

　大きなところを３つほどアドバイスをしよう。第１に，法律を適用して得ら

れる帰結には，何条という根拠が示されることが望ましい。帰結を示す文の末尾に括弧書で示すことでよい。第2に，改行を用いて，段落を作ろう。両議院の共通点と相違点を書き分けるところで改行することがよいであろう。第3に，1つの文にあまり異なる役割を与えすぎない。任期の比較と権能の特徴を一文にしないで，むしろ任期について両議院を比べる文にするほうがよいであろう。これらに若干の細かい注意を加えて改良すると，次のようになる。

添削例①

　　　　　国会は衆議院及び参議院の両議院で構成され，国権の最高機関であって，国の唯一の立法機関である。（憲法42条・41条）
　　　　　両議院は，全国民を代表する選挙された議員でこれを組織し，両議院の議員及びその選挙人の資格は，法律でこれを定め，人種，信条，性別，社会的身分，門地，教育，財産又は収入によって差別されない。（同法43条1項・44条）衆議院議員は，任期が4年であるが，衆議院の解散の場合にはその期間満了前に終了し（同法45条），法律案の議決に関する衆議院の優越，予算に関する衆議院の先議と優越，条約の承認と衆議院の優越が参議院に対して比し大きな権能が認められる。これらの点において，参議院議員の任期は，6年とし，3年ごとに議員の半数を改選する（同法46条）。（同法59条・60条・61条）

　一つひとつの文を上手に作ることができるようになってきたならば，さらに改行を入れて段落を編むということも工夫してみるとよい。たとえば，

答案例②

　　　　　衆議院議員の任期は4年である。ただし，衆議院解散の場合はその期間満了前に終了と

される（憲法45条。以下法と称す）。これに対して参議院議員の任期は6年である（同法46条）。

　次に，両議院の議員定数が異なる。衆議院議員の定数は465人であるのに対し，参議院議員は248人である（公職選挙法4条1項，2項）。被選挙権については，衆議院議員は満25歳以上の者，参議院議員については満30歳以上の者とされている（公職選挙法10条1項）。選挙区に関しては，衆議院では小選挙区，比例代表選出を採用し，参議院については選挙区選出，比例代表選出を採用している（公職選挙法12条1項，2項）。

という例は，話題が変わる適切な場所で改行がされ，うまく段落が作られている。細かいことであるが，「称す」は文語的で，ここでは不自然に映る。また，その場所の括弧書において，閉じ括弧の前に句点を置く書き方とそうしない書き方とがある（⇨ PART Ⅱ 2 1「文を整える」3「引用を独立させる」）。いずれでもよい。いずれでもよいものをさらに挙げると，同じ条の項の列記は，読点で挟んで列記してもよいし，「なかぐろ」でつなぐことでもよい。ただし，1つの文章の中では，どちらかに決めて一貫させることが望まれる。このほか，若干の注意を加えて改良すると，

添削例 ②

衆議院議員の任期は4年である。ただし，衆議院解散の場合はその期間満了前に終了とされる（憲法45条。以下法と称す）。これに対して参議院議員の任期は6年である（同法46条）。

　次に，両議院の議員定数が異なる。衆議院議員の定数は465人であるのに対し，参議

（赤字注釈）
- ここのみ文語となり，ヘン。
- 半数改選にも設する。
- この改行は良い。
- 任期がする
- 句点を置いても置かなくてもよい。

院議員は248人である（公職選挙法4条1項，2項）。被選挙権については，衆議院議員は満25歳以上の者，参議院議員については満30歳以上の者とされている（公職選挙法10条1項）。選挙区に関しては，衆議院では小選挙区，比例代表選出を採用し，参議院については選挙区選出，比例代表選出を採用している（公職選挙法12条1項，2項）。

となる。なかなかに細かい注意が多いと感ずるかもしれないが，良い文章は，要するに細かい注意や巧みな工夫の積み重ねで得られるものである。さらに例を挙げてみよう。

答案例 ③

国会は，衆議院及び参議院の両院で構成されているが（憲法42条），両者には違いがある。第一に，各議院に所属する議員の任期が異なる（憲法45条および憲法46条）。衆議院議員の任期は4年であり（45条），参議院議員の任期は6年である（46条）。次に，法律案を議決する際（59条），衆議院は参議員に優越する（59条）。その他，予算についての議決（60条2項），条約の承認（61条）についても同様である。このような違いが設けられる理由は，衆議院については，民意をより反映するという目的を達成する，というものが考えられる。前述した各議院の議員の任期については，参議院のほうが改選機会が多いことから，うかがい知ることができる。

衆議院が優越するのは，国会の審議を円滑に執り行うためには重要かつ必要な仕組みである。

　最初に登場する「及び」は，「および」と仮名にすることもありうる。法制執務では「及び」とする。学者や出版社の扱いは，分かれている（本書は「および」の例による）。要するに，方針が定まっていれば，いずれでもよい。また，根拠となる法令の引用に際し，直近に引いた法令と同じものである場合は，「同法」などと「同」の字を用いることが許される。誤字には，注意する。「衆議員」という言葉はない（ここはそうではないが，衆議院の構成員を表すためには，「衆議院議員」が正しい）。内容に関わるが，気になるのは，最後の文である。論理が，おかしい。衆議院が優越する理由は，単に国会運営がスムーズに，というようなことでなく，もっと本質的なことがある。添削をすると，

添削例 ③

　国会は，衆議院及び参議院の両院で構成されているが（憲法42条），両者には違いがある。第一に，各議院に所属する議員の任期が異なる（憲法45条および憲法46条）。衆議院議員の任期は4年であり（45条），参議院議員の任期は6年である（46条）。次に，法律案を議決する際（59条），衆議院は参議員に優越する（59条）。その他，予算についての議決（60条2項），条約の承認（61条）についても同様である。このような違いが設けられる理由は，衆議院については，民意をより反映するという目的を達成する，というものが考えられる。前述した各議院の議員の任期については，参議院のほうが改選機会が多いことから，うかがい知ることができる。

（朱書き註記）
- 「及び」→「および」も可
- 「参議員」→「院」
- 「同（これからあとも同じ）」
- 半数改選にも論及する
- しかし，任期は長いのではありませんか。

143

> この論理は
> おかしい。

衆議院が優越するのは，国会の審議を円滑に執り行うためには重要かつ必要な仕組みである。

となる。これらの文章はすべて協力をしてくれた学生諸君のものを用いており，あと1人，題材を提供してくれた人がいるから，その人の答案を読んで両議院の話は区切りとしよう。

答案例 ④

衆議院の議員の任期は4年とされている（憲法45条，以下法文名略）。しかし，解散された場合は，その期間満了前に終了する（45条但し書き）。参議員の任期は6年とされ，3年ごとに議員の半数を改選する（46条）。衆議院は，参議院とは違い，国会における優越的な地位を認められている。なぜなら，衆議院は，任期も短く，解散があるため，参院よりも，民意を反映しやすいからである。衆議院の優越的なものとして，法律案の議決，予算の先議，条約の承認，が挙げられる（各々，59条，60条，61条）。また，内閣総理大臣の指名にも衆議院が優越する。

添削例を示そう。

 ④

> 今の名称を

衆議院の議員の任期は4年とされている（憲法45条，以下法文名略）。しかし，解散された場合は，その期間満了前に終了する（45

> する。

条(但し書き)。参議員の任期は6年とされ,3年ごとに議員の半数を改選する(46条)。衆議院は,参議院とは違い,国会における優越的な地位を認められている。なぜなら,衆議院は,任期も短く,解散があるため,参議院よりも,民意を反映しやすいからである。衆議院の優越的なものとして,法律案の議決,予算の先議,条約の承認,が挙げられる(各々,59条,60条,61条)。また,内閣総理大臣の指名にも衆議院が優越する。

　文中に見える「但し書き」は,これでも誤りではないが,法制執務においては「ただし書」と表記する。それから,論理的な文章であるための注意として,「衆議院の優越的なものとして,法律案の議決,予算の先議……」と並べることは,少し困る。「予算の先議」は,それ自体として優越の具体的内容を表現しているが,「法律案の議決」ということ自体は,なんら優越にあたらない(語がもつ「意味の範囲」に留意することも,類似の注意である〔⇨ PART Ⅱ 2 2「語句を整える」「語の意味範囲を自覚する」〕)。論理の次元を等しくするためには,「法律案の議決における再議決などの権能,また,予算の先議……」などとすることがよい。ここで形式面のことも附言すると,たとえば「法律案の議決において再議決をして法律を成立させること,そして予算の先議」などとすることは,感心しない。優越の2つの題材を示すにあたり,前者は「……成立させること」と「こと」で結ばれるのに対し,後者は「……先議」と漢語で止められているが,論理的に同じ次元に位置するものは,形式の上でも可能な限り同じ形式で並べることにより,同じ次元のものであることが明瞭に伝わる。たとえば,夫婦同氏制の憲法適合性を扱った最高裁判所の判決(最大判平成27・12・16民集69巻8号2586頁)が,

　「憲法24条が,本質的に様々な要素を検討して行われるべき立法作用に対してあえて立法上の要請,指針を明示していることからすると,その要

請，指針は，単に，憲法上の権利として保障される人格権を不当に侵害するものでなく，かつ，両性の形式的な平等が保たれた内容の法律が制定されればそれで足りるというものではないのであって，憲法上直接保障された権利とまではいえない人格的利益をも尊重すべき<u>こと</u>，両性の実質的な平等が保たれるように図る<u>こと</u>，婚姻制度の内容により婚姻をすることが事実上不当に制約されることのないように図る<u>こと</u>等についても十分に配慮した法律の制定を求めるものであり，この点でも立法裁量に限定的な指針を与えるものといえる。」

とするところの，「……こと」という考慮要素の列挙の仕方など，見倣うとよい（下線は，引用者が添えた。最後の下線の後の「等」は，公用文では「など」でなく「とう」と音読みされる）（⇨ PART Ⅱ 2 3「『こと』『もの』を特定する」）。

2 小分けをして考える

　●書く前に考える，そして問題を発見する●

　身近な言葉では，"ずれている"というのであろうか。カップルの会話で「久しぶりに休みをとることができる明日は，海に泳ぎに行くのと，サンドイッチか何かもって山にハイキングに行くのと，どっちにする？」，「うん，でも，夕食はイタリアンにしたいわ」とか，あるいは，「慶應義塾大学と早稲田大学の学生って，比べてみると，どう？」，「うん，早稲田はエネルギッシュな人が多いけど，慶應は，みんなオシャレだよね」。

　どちらも，少しヘンである。海水浴とハイキングの比較検討をしたいのに，話は夕食を何にするか，に飛んでいる。比較になっていないのは大学の話もそうであり，早稲田がエネルギッシュな人が多いというなら，慶應は少ないのか，そして，慶應がオシャレであるのなら早稲田はダサイのか。それらを論じなければ論理的な比較にならない。

　もちろん，日常の他愛のない会話であるから，いちいち論理的である必要はない。仲の良いカップルであれば，やがて喧嘩をしないで休日の過ごし方を決

めるであろうし，大学の比較も，いずれワイワイ喋っているうちに，お定まりのオチになることであろう。

　しかし，勉強のことになると，そうはいかない。特に筆記の論述答案は，いずれワイワイ喋っているうちに，ということにはならない。答案を出してしまえば，そこに書かれた文章のみを見て，点数が決まる。衆議院には解散があるが，参議院は任期が6年である，などと上例の早慶戦のようなヨタヨタした文章では優等の成績は得られない。

　優等の成績を得るためには，設題を見て，よく考え，それから書く。これが大切であることくらいは，皆さんも御存知のことであろう。そこで，新しいアドバイスをもう1つ差し上げることにしたい。受験者に見えるものは大きな1つの設題（たとえば「両議院を比較して，特徴を略述せよ」）であるにとどまるが，いくらそれを凝視していても，話は進まない。書き始めるためには，論ずる事項を小分けにする。これができるためには，問題を発見する能力が求められる。任期は何年か，そして解散の有無はどうか，と小分けにすることに成功するならば，「衆議院は任期が4年であるが，解散がされる可能性があり，解散があると4年を待たないで議員が身分を失うのに対し，参議院は，任期が6年であり，解散の制度がない」と書き始めることができ，出だしは好調である。もちろん，ほかにも論点はあり，法律案はどちらの議院に先に出してもよいか，予算はどうか，選挙は全員が一度に改選されるか，などなど，いくらでも論ずることはある。

　では，どのようにして論ずべき事項を発見することができるか。それは，憲法の講義に出席し，憲法の本を懸命に読む。そのようにして，その分野の内容を知ることが大切である。それ以外にない。そのことは，1「まずは書き切る」においても，ことわっておいた。この本は，憲法なり刑法なりの個別の分野の内容を伝える場所ではない。それぞれの内容を勉強することは，一所懸命にされていることを想定しつつ，その勉強したことを表現する方法を述べようとするものである。

147

3 組立てを考えて書く

● 結構という言葉の意味 ●

◀ **1 他人に読んでもらうという前提** ▶　**結構**という言葉は、いろいろな意味がある。時間があるのならお茶でもどう？　と相手が呼びかけるのに対し、結構という言葉を返すときにも、言い方や表情によって、お茶に行くことに賛成する、という意味にもなるし、辞退するという意味にもなるから、厄介である。

　そして、さらに、これから取り上げようとする結構は、これらのどちらでもない第3の意味である。すなわち、物事の組立てという意味にほかならない。

　皆さんが書く文章の中でも、この本で問題としようとするものは、他人に読んでもらうことを予定する文章である。自分の手許に置くメモや、ノート、日記帳などであれば、思考を共有する相手がいないから、どのように書いてもよい。

　しかし、法律を学ぼうとする皆さんや、法律を専門的な職業として扱う人々の前には、あるいは、そのような職業を志す過程の途上にある人々の前には、さまざまな〈状況〉が提示され、そして、それらについて〈解決〉を発見し、提示することが求められる。提示される〈状況〉が、当事者が裁判所に付託した事件である場合において、裁判所が発見して提示する〈解決〉は判決や決定など裁判という形式を採る。あるいは、たとえば、提示される〈状況〉が、事務所を訪れた当事者が寄せる法律相談である場合において、弁護士が発見して提示する〈解決〉は、当事者への「助言」や「意見」という形式になることが、多いであろう。もう1つ、たとえば、というのをゆきましょうか。たとえば、提示される〈状況〉が試験問題やレポートの課題である場合において、学生であるあなたが発見して提示する〈解決〉は答案や学習報告書（レポート）であるということになる。これらの作業の本質は、基本的に同一であり、〈解決〉は、他人に読んでもらう文章において、提示される。提示する者と、提示された者との間で思考を共有するためには、提示する相手方に受容が可能であるように、組立てを考えて文章を作らなければならない。ここに、結構というものが求められる理由がある。

2 状況の分析という準備作業　しっかりした結構の文章にするには，どうすればよいか。何よりも，与えられた状況を十分に分析しなければならない。そこでの作業の目的は，与えられた事案において，当事者が何を欲しているか，を見極めることである。民事訴訟の裁判官の前には，すでに原告が「請求の趣旨」という仕方において何を求めるかを明示するから，それ自体は明らかであるが，なぜ，そのような請求がされているか，を見通していなければ適切に事件を処理することができない。弁護士の場合には，反対に，そもそも当事者自身が，何を誰に要求していくことがよいか，自信をもって選択決定することができないことがあるから，そうした当事者への助言が仕事になる。受験者の場合には，出題の形式が「この場合における問題点を指摘し，それらについての見解を示せ」となっているときは，上記の弁護士の仕事と同様に，**事案を分析して問題点を発見する**ところから，解答の準備が始まる。これに対し，「この場合において，売主は買主に対し代金を請求することができるか」という形式になっている場合は，そこですでに提示されている問題点の背景を自分なりに理解した上で，その検討に入っていく。

　いずれにしても，〈状況〉の分析は，適切にされなければならない。そのためには，そのような作業の試行を繰り返して，分析をする感性を磨くことが求められる。

　状況の分析は，まず焦点が的確でなければならない。的外れでは困る。買ったテレビが火を噴いて負傷した，ということを言い立てる人に対し，「テレビの所有権は間違いなくあなたにあると認められますから，どうぞご安心ください」と言う弁護士がいるとしたら，その人は弁護士として失格である。これほどコミカルではないとしても，答案などの採点に対し，似たような異議を持ち込む人は，ときにいる。「先生，動産であるテレビの所有権が買主に移転したことは，きちんと書きましたし，そのこと自体は正しいのですから，その分の点をください」と主張して納得してくれない方に対しては，残念ですが，最後には「法律を学んでものになるか，あなたの適性を疑問とせざるをえません」ということを申し上げざるをえない。

　それから，思い込みによる分析も，いけない。テレビが爆発したからには，メーカーに過失があったにちがいない，などと，決めつけてはいけない。試験

問題の場合には，題意に顕れていない事実を勝手に加えるなどして解答を組み立てるようなことは，しないようにすべきである（⇨ PART Ⅰ **3 3**「事実問題（事実認定）と法律問題（法解釈）」）。

◖3 規範の発見◗　状況の分析を踏まえ，次には，その結果として発見された論点の解決に向かうことになる。いくら状況を分析しても，それは，このように現実がなっている，ということにすぎない。そこから進んで，これこれのように現実を改めるべきである，という話にしていくことが望まれる。一般に法律的な解決は，同様の状況に対しては等しく与えられなければならないから，解決を見出すためには，分析された状況に対する解決の考え方を一般的に示すために定められているところを確かめなければならない。それが，規範である（⇨ PART Ⅰ **2 3 COLUMN ❷**「言語的存在としての法」）。当面の場合においては，どのような場合に損害賠償をしなければならないか，ということにほかならない。

　適切に規範を発見することに成功するためには，感性も大切であるが，どんなに感性がある人であっても知識が乏しければ，規範を発見することができない。規範は，基本的に，法文の中にある。したがって，紛争において解決のために用いられる重要な法文の主要なものの内容は，知識として把握されていなければならない。法文とは，法律など法令のテキストであり，条文とも呼ばれる。それは，私たちが立法権の行使を負託した国権の最高機関（憲法41条）が採択したルールであり，法律的な紛争の解決において，至高の価値をもつ。したがってまた，判決においても答案やレポートにおいても，根拠として法条を示さなければならない。

　(1)　**候補となる法条の絞り込み**　爆発したテレビで負傷した当事者が損害の賠償を請求していく場合には，民法の415条・709条や製造物責任法3条が思い浮かぶ。この，思い浮かぶ，ということが，とても大切である。法文の細部の表現や法条の番号を暗記している必要はない。裁判官が判決を起草するときにも，また，論述式の試験の多くの場合においても，法文を参照することが許されるから，細部は法文を参照して確認すればよいことである。ただし，短い時間で，候補となる法条を漏れなく検討しなければならない。法律の運用に

携わる人々は，みな忙しいし，試験の時間は限られる。「一月かけて六法を虱潰しに見てみましたところ，なんとかあなたの役に立ちそうな条文が見つかりました」，では，依頼者は帰ってしまう。そして，検討対象とすべき法条を迅速に，かつ遺漏なく収集することができるためには，あらかじめ法律体系の理解が，いわば頭の中に引出しのように調えられていることを欠かすことができない。

(2) **各法条の検討**　検討対象とするべき法条を選んだならば，次には，それを一つひとつ検討する。資力があると思われるテレビのメーカーに対し損害の賠償を請求する，ということを考える場合において，被害者と製造者との間に契約関係がないからには，契約に基づく債務の不履行を扱う民法415条は，根拠とする法条の候補から外される。また，民法709条に基づいて損害賠償を請求することは十分に考えられるが，製造者の過失を立証することができるか，という課題があることは，意識しておかなければならない。もし，それが難しいということになると，客観的にテレビに「欠陥」があったことの立証で足りる製造物責任法3条を用いて損害賠償の主張を組み立てていくことになるであろうか——というところまで，熟練した法律家であれば，問題に接したときにほぼ瞬時に論理計算をする。早く皆さんが，その域に達してくださることを望んでやまない。

(3) **解釈の対立という問題**　法文の中には，その微細な部分について意味を確定するため，判例や学説を参照しなければならないこともある。そのような意味において，皆さんは，規範の発見に影響する判例や学説の知識を有していなければならない。さらに，法文の中には，その意味を確定する上で，複数の見解が対立していて，そのどれを採るかにより規範の意味内容が異なってくることも見られる。そのような場合には，それらの対立する見解を比較検討し，理由を添えて，採択するべき解釈意見を提示することにより，適用するべき規範とする。

添えるべき理由は，どのように組み立てることが望まれるか。まず，①法文の文言が許容する解釈であるか（文理の尊重）を検討しなければならない。文理が大切であるのは，さきにも述べたように，法文が国権の最高機関により与えられたテキストであるからには，それを尊重しなければならないからである。

次に、②採択しようとする解釈により妥当な解決が得られるか（結果の妥当性確保）も、大切である。もちろん、何をもって妥当であると評価するか、見解が分かれる可能性はあるし、それゆえにこそ解釈の対立ということが生ずる。さらに、③その解釈が単に個別の法条の法文のみならず法律の体系全般の中で整合的な位置づけをすることができるか（体系的な整合性の確認）、くわえて④解釈の対象とされている法律の立法の趣意に適合するか（解釈の歴史性の確認）といったことも考慮することが望まれる。

問題によっては、③について分量のある論述をしなくてもよいと認められるものがあるし、試験の答案などにおいては、起草者や立案担当者の見解を確認しなければならない④は、論及を求められない状況もあるが、いずれも、まったく考慮しなくてよいということにはならず、たとえば学術論文を制作する際などには、これらの要素を少なくともひととおりは検討しなければならない。

4 事実の抽出

規範は、発見して終わりではなく、それを事案に適用することが、究極の目的であることを忘れてはならない。そして、規範を事案に適用する上で重要であることは、規範の適用関係を見定める上で必要である事実と、そうでない事実とを識別して、必要である事実を抽出することである。私たちを取り巻く世界は、広大無辺の事実の集積により成り立っているが、それらの事実の群れの中には、規範の適用という観点から無意味である事実もある。「テレビを買った日は晴天であった」、「テレビを買った日から爆発事故があるまでの間、買主が主にテレビで見ていたのはスポーツ番組であった」、「爆発が起きたのはテレビを買ってから2週間後のことであった」などなどというふうに、さまざまな事実が語られるが、それらの全部が重要であるというものではない。いま挙げたものの中で、前2者は、製造物責任法3条の適用関係とは無関係であり、そうした事実が真実あったかどうかについて裁判所が精力を費やして認定をする必要はない。これに対し、買主が使用を始めてから事故が起こるまでに経過した時間は、テレビの経年劣化が「通常有すべき安全性」がないこと（同法2条2項）、つまり「欠陥」があるという評価を根拠付ける1つの事実として働く可能性があるから、重要な事実になる。このほか、この事例の場合には、買主が負傷したのはテレビの爆発によってであること（因果関係

の存在）や，その負傷により治療に費用を要したり仕事を休まなければならなくなり収入が減少したりしたこと（損害の発生）などが，規範を適用するための事実として確認されなければならない。

(1) **事実の未確定という問題**　与えられる状況によっては，規範を適用する前提である事実の有無が明らかでなかったり，与えられた事実のみでは規範を適用するための要件の充足を肯定することができないようにみえたりする場合もある。このような状況に直面する場合において，訴訟手続であれば，なるべく事実を明らかにするために努力をするべきであるし，民事訴訟においては，一定の理論を適用することにより，どの事実については原告が明らかにする責任を負い，どの事実については被告が証拠提出の主たる責任を担うものであるかを見定めることができる。刑事訴訟においては，被告人を処罰するべきである，という結論を導くための事実は，検察官が証明しなければならないとされる。これらのそれぞれ役割を担った当事者が十分な証拠を提出することができない場合には，そのような役割を担った当事者に不利な判断を前提として，規範の適用関係を定めていく。

(2) **試験問題であったなら**　試験問題の場合には，上級の段階においては，このような訴訟手続上の役割分担の在り方そのものを主題とする出題がなされることもある。が，主に刑法や民法などの実体関係を問う趣旨の出題の場合には，そうした点に深入りする必要はなく，両様の可能性があることを指摘し，それぞれ参考となる事実を挙示した上で，場合を分け，それぞれについての法律関係を指摘することが，むしろ求められる。

　問題となっている事例の場合に，「同型機種のテレビについて過去にも１件の爆発事故が報告されている」という事実は，そこから，製品の設計に問題がある，という事実を推論することを容易にするし，そのことは，欠陥があるという評価を根拠付ける１つの事実になるかもしれない。半面において，「買主の子である幼児が戯れにテレビに馬乗りになったことがある」という事実は，テレビが通常有すべき安全性を欠いていたとは限らず，爆発は通常でない用法で使用された結果として生じた可能性があるということを示唆するし，それは欠陥があるという評価を障害する事実として働くであろう。けれども，これら２つの事実のみでは欠陥があるともないとも断定することができないから，「同

型機種のテレビについて過去にも 1 件の爆発事故が報告されているということや他の事実を総合して欠陥があると認められる場合」と、「買主の子である幼児が戯れにテレビに馬乗りになったことがあるということや他の事実を総合して欠陥がないと認められる場合」とのそれぞれについて、規範の適用関係を示す、という解答の方法が推奨される。

5 解決の提示 抽出された事実について規範を適用して得られる解決は、論理的に明晰な文章で提示されなければならない。訴訟手続の場合には、判決など裁判の主文において、それが示される。「ある特定の建物を明け渡せ」、「被告は原告に金いくらを支払え」というふうに明晰な文章で提示をしないと、執行機関が判決を執行することができない。「できるかぎり建物を引き渡すべきである」とか「なるべく早く金員を支払うことが望まれる」といった文章で解決を提示することが許されないことは、答案でもレポートでも同じである。

そのほか、ときに試験の答案などで見かけるものに、「この事件では買主である被害者の言い分が認められる」とか「この事件はメーカーの負けである」とか勝敗を感覚的に示すのみであって、その具体的な結果を提示しないものがある。勝つか負けるかではなく、「被害者は製造者に対し、被った損害の賠償を請求することができる」という具体の解決を指示しなければならない。また、法律的な解決が求められるのは、当事者の協議交渉がまとまらず裁判所による権力的な解決が要請される場合であるから、「示談がまとまらなければ、被害者は製造者に対し、被った損害の賠償を請求することができるが、なるべく話し合いに努めるべきである」といった言うまでもないことを記すことも、感心しない。

4 段落の用い方

● むやみに改行しない ●

1 思った順番に書く癖 法律の答案を読んでいると、ときに、流れの勢いで書いて事態を切り抜けようとするものが見られる。「……ところから問題

となる」という紋切り型の問題提起→「……ではないか」という不自然な疑問止め→「この点」という論理的な意味が不明な接続表現→「とすれば」という論理的に不適切な接続表現→結論，というスタイルは，本当にたくさん見かける。それが，答案というものに特有のしきたりであると確信しきっているきらいすらある。

　このようなことになってしまう要因は，いろいろあることであろうが，1つ感じられることとして，脳裏に物事が現れた順番のままに筆を進めているのではないか。学生の文章において，しばしば事実と評価の記述が混ざり合っていたり，評価を示す際の思考の次元が，抽象度の高いものとそうでない事項の評価が区別されていなかったり，ひどいときには，他人の意見の紹介と自分の評価の提示とが混然としていて段落が分かれていなかったりするのも，このためであるとみられる。

　つまり，構成を考えぬくことなく書き始めていることが目立つ。

　と述べると，おそらく学生諸君からは異論があり，先生，自分たちは，きちんと改行をし，番号も振って書いています，という抗議がされることであろう。内容として構成を考えることと，形ばかり多くの改行をし，ときどき番号などを振って構成を考えているように見せかけ，多くの場合において自らも構成を考えていると錯覚することとは，同じではない。たとえば，

　　ア　ある県においては，駅や飲食店など公共の場所で喫煙をすることを禁止する条例の検討が進められている。喫煙をしたいという個人の欲求を権力で抑えようとするものであり，よほど慎重でなければならないところから，問題となる。
　　イ　この点，人には，どのような自由も許されるものではなく，自ずと限界がある。
　　ウ　たとえば自殺をする自由というものが認められないことによっても，このことは，明らかである。
　　エ　喫煙も本人の健康が害されるものであるから，これを規制することは合理的である。
　　オ　また，喫煙をする人の近くにいる人が健康被害を受けることも問題である。

> カ　いわゆる受動喫煙である。
> キ　だれにも，他人の健康を傷つける自由は認められない。
> ク　とすれば，問題としているような条例を制定することは，許される。

というふうに，である。もちろん，「ことから問題となる」→「この点」という流し方や，「とすれば」という意味不明の接続詞の使用も，やはり構成に無頓着であることと無関係ではない。

　おそらく書き手は，改行を入れるほうが採点者の印象が良くなる，という誤った答案指導の影響を受け，もはや一文ごとに改行をしないと書けなくなってしまっている。いくつもの文を改行せずに重ね，辛抱強く１つの思考の塊を伝達しようとする知の強靱さ（⇨PART Ⅰ **1**「はじめに」）は，微塵もない。これでは，むしろ書き手が論理的思考力に欠ける，ということをわざわざ示しているに等しい。

　本当は，「どこで改行するかをよく考え……自覚的に段落の機能を設定する必要がある」（⇨PART Ⅱ **2 3**「段落を整える」**3**「段落を作る」）。喫煙者自身の健康への影響と，受動喫煙とを段落を改めて論ずることは意味があるにちがいない。否（いな），段落の取り方は，それしかないであろう。イ・ウ・エを改行しないで続け１つの段落とし，その忍耐の後に，今度はオ・カ・キを１つにまとめる，ということすらできない，ひ弱な知性の若者たちに場合によっては司法権力を委ねなければならないとしたら，それは，私たちの文明の大問題ではないか。

　とはいえ，嘆いてばかりもいられない。いろいろ述べ立てたところで，結局，進むべき道は，１人でも多くの若者に対し，堅固な思考とそれを遺憾なく表現する文章を身に付けさせるべく奮闘するほかない。

　だから，法律を学ぶ人々に向け，まずは，論理を丁寧に積み上げ，そして通常人がわかる普通の言葉で文章を編んでください，と告げなければならない。

　そしてまた，むやみに改行して段落を分けることがよいと誤解している人が，ときにいますけれども，いたずらに改行を重ね段落を細切れにすることは，かえって筆を執った者の論理的思考力を疑わせるものであることに留意しなければなりません，ということもアドバイスすべきであろう。

2 段落を用いる文章の実践例　段落を作って文章を作ろう，ということは，意識して取り組まないと，なかなかできない。段落は大切ですよ，という訓示を書き手に与えて作ってもらった文章を紹介しよう。論題は

> 民法における「未成年者」と「高齢者」を考える

である。できた文章は，

答案例 ⑤

　「未成年者」と「高齢者」に対する法律上（民法上）の規定の仕方にどのような異同があるのかを論ずる。
　まず相違点の一つとして，「未成年者」は年齢の規定によって明確に定義づけられているのに対して，「高齢者」は，該当する人がどのような条件を有しているか，明確に定義されていない。第4条には，「年齢18歳をもって，成年とする。」と定められているから，「未成年者」は18歳に満たない者として，明確に定義づけられていると言える。一方で「高齢者」にはその意義を明確に規定している条文がないため，民法上では範囲・条件の不明確な概念として扱われる。
　上の相違点に基づいて，二つ目の相違点が存在する。すなわち「未成年者」には，民法上特別な人格として，彼らを保護するための条文が明確に定められているのに対し，「高齢者」を民法上保護すべき人格として直接規定する条文が存在しないという違いがある。

というものであり，いちおう形式として段落が用いられているものの，いろい

ろ問題がある。冒頭に「異同」とあるのは，異なる点ということであろうか。しかし，問いの含意は，もう少し広くて，共通点も指摘せよ，ということがあるのではないか。意義のある段落を作るとすると，共通点を論ずる段落と，相違点を指摘する段落とを向い合わせる，というアイディアが考えられる。

　この文章は，段落を分けているものの，最後の段落の冒頭で「……に基づいて」と切り出しているところは，根拠から帰結を導く（それならば，たしかに「基づいて」である）というよりも，同じことの繰り返しになっていないであろうか。高齢者の概念が定められていない，と前の段落で述べ，高齢者の規定がないということを後の段落で論じており，規定がないから定義が定められていないのであり，結局，同じことであろう。

　些事を附言すると，「条文が定められている」は，主述が照応しない。また，「保護すべき人格として規定がない」という文は，1つの文で2つのこと，つまり，高齢者が保護に価すること，そして，その概念を定める規定がないことの2つを同時に伝えようとしていて，重くなりすぎている（⇨PART Ⅰ 1「はじめに」，PART Ⅱ 2 1「文を整える」「1つの事柄を1つの文で述べる」）。添削例を示すと，

添削例 ⑤

〔手書き注記〕
「異なる点と同じである点という意味ではありません。国語辞典で正しい意味を調べましたか。」

　「未成年者」と「高齢者」に対する法律上（民法上）の規定の仕方にどのような<u>異同</u>があるのかを論ずる。
　まず相違点の一つとして，「未成年者」は年齢の規定によって明確に定義づけられているのに対して，「高齢者」は，該当する人がどのような条件を有しているか，明確に定義されていない。第4条には，「年齢18歳をもって，成年とする。」と定められているから，「未成年者」は18歳に満たない者として，明確に定義づけられていると言える。一方で「高齢者」にはその意義を明確に規定している条文がないため，民法上では範囲・条件の

不明確な概念として扱われる。

　上の相違点に基づいて，二つ目の相違点が存在する。すなわち「未成年者」には，民法上特別な人格として，彼らを保護するための条文が明確に定められているのに対し，「高齢者」を民法上保護すべき人格として直接規定する条文が存在しないという違いがある。

（主語が照応していない。）
（この表現はピッタリしていない。）
（1つの文に多くの意味をもりこみすぎている。）

となる。
　なかなか段落というものは難しい，ということを徐々に学生諸君が実感してきたところでトレーニングを重ねていくと，だんだん良くなってくる。

> 15歳の女の子が15歳の男の子にチョコレートをプレゼントした。そこに，どのような法律上の問題があるか。

という論題で書いてもらった2つの例を見てみよう。まず，

答案例 ⑥

　15歳の女の子が15歳の男の子にチョコレートをプレゼントしているが，これは，「当事者の一方がある財産を無償で相手方に与える意思を表示し，相手方が受諾をすること」（民法549条）にあたるので贈与契約である。しかし，女の子も男の子も15歳であることから，未成年者である（4条）。未成年者は法定代理人の同意がなければ，単独で法律行為をすることができないが，単に権利を得または義務を免れる法律行為については，単独で行える。
　本件では，チョコレートをプレゼントされ

4 段落の用い方

159

ることは，「単に権利を得」る法律行為にあたるため，男の子は法定代理人の同意なしに，単独でチョコレートをもらうことができる。一方で，チョコレートをプレゼントする行為は，「単に権利を得または義務を免れる法律行為」にはあたらない。＊

　しかし，民法5条3項には「第1項の規定にかかわらず，法定代理人が目的を定めて処分を許した財産は，……未成年者が自由に処分することができる」と規定されている。したがって，仮に女の子の法定代理人がチョコレートを他人にあげることを許していたのであれば，チョコレートをあげることは認められる。

という例から見てみると，段落のことを意識して書こうとしているから，2か所で改行がされている。しかし，まだ改行の場所が上手であるとはいい難い（＊印は引用者が加えたものである）。ここで，改行することが本当によいか。むしろ，男の子の話と女の子のそれとを明快に切り分けるほうがよいであろう。そのようにすることを踏まえると，どこで改行することが適切であるか，考えてみよう。あと，細かいことを1つ。冒頭の「これ」は，何を指すか，判然としない（⇨ PART Ⅰ 1「はじめに」，PART Ⅱ 2 2「語句を整える」2「指示代名詞を置き換える」）。添削例を添えておこう。

添削例 ⑥

　15歳の女の子が15歳の男の子にチョコレートをプレゼントしているが，これは，「当事者の一方がある財産を無償で相手方に与える意思を表示し，相手方が受諾をすること」（民法549条）にあたるので贈与契約である。しかし　女の子も男の子も15歳であること

（欄外書き込み：なぜ「しかし」か。前後は逆接の関係になっているか。／指示するものが何であるかはっきりしない。）

160

から、未成年者である（4条）。未成年者は法定代理人の同意がなければ、単独で法律行為をすることができないが、単に権利を得または義務を免れる法律行為については、単独で行える。（5条1項）（同項ただし書）

※赤字書き込み：「うことができ」「が」「から」

本件では、チョコレートをプレゼントされることは、「単に権利を得」る法律行為にあたるため、男の子は法定代理人の同意なしに、単独でチョコレートをもらうことができる。一方で、チョコレートをプレゼントする行為は、「単に権利を得または義務を免れる法律行為」にはあたらない。＊　←ここで段落を分けることが良策でしょうか。

しかし、民法5条3項には「第1項の規定にかかわらず、法定代理人が目的を定めて処分を許した財産は、……未成年者が自由に処分することができる」と規定されている。したがって、仮に女の子の法定代理人がチョコレートを他人にあげることを許していたのであれば、チョコレートをあげることは認められる。

段落の作り方を考えるため、もう1つ、チョコレートの論題で検討してみる。こちらは、4つの段落を設け、

答案例 ⑦

まず、本問における15歳の女の子と15歳の男の子は、共に18歳に達しないため、両者とも未成年者である（民法4条。以下法と略す）。

未成年者が法律行為をするには、原則とし

て法定代理人の同意を得なければならないところ（法5条1項本文），本問における15歳の女の子が15歳の男の子にチョコレートをプレゼントしたという行為が贈与契約にあたることから（法549条），15歳の女の子が法定代理人の同意を得ずにチョコレートを贈与し，15歳の男の子が法定代理人の同意を得ずにチョコレートを受領した場合，それぞれの法定代理人が本問法律行為を取り消せるか否かが問題になる（法5条2項）。

　15歳の女の子がチョコレートを買う際，法定代理人がチョコレートを買うという目的を定めて財産を渡した場合，女の子がチョコレートを買ったのであるならば，その法律行為は「目的の範囲内」の行為といえ，法定代理人が当該法律行為を取り消すことはできない（法5条3項前段）。また，小遣いのように，目的を定めないで処分を許した財産を用いて女の子がチョコレートを購入した場合にも同様である（法5条3項後段）。しかしながら，法定代理人が文房具を買うという目的のために女の子に与えた財産を用いて，実際には女の子がチョコレートを購入したような場合，その法律行為は「目的の範囲内」の行為を逸脱したといえるから，法定代理人は当該法律行為を取り消すことができる（法5条3項前段）。

　15歳の男の子がチョコレートをもらう行為は，「単に権利を得」た場合ということができることから，法定代理人は当該法律行為を取り消すことはできない（法5条1項ただし書）。

とする。〔第1段落〕題意の状況の分析→〔第2段落〕抽象的な規範の確認→〔第3段落〕女の子の法律状況の考察→〔第4段落〕男の子の法律状況の考察，と上手に書き進めている。後ろの2つの段落の長短に落差があるが，そんなことを気にする必要はない。この題材では，女の子をめぐる法律関係のほうが論ずることが多い，ということに尽きる。

この例で惜しいことは，第2段落の中味である。論理がつながっていないのではないか。「未成年者の法律行為には法定代理人の同意が要る」→「プレゼントは贈与である」→「本問の法律行為を取り消すことができるのではないか」と続くが，2本の矢印とも前の命題から後のそれを導くことは，難しい。論理を積み重ねていくのには，どうすればよいか，考えてみよう。

それから，同じく第2段落の末尾に見える「……問題になる」も，この表現にばかり頼ることはよくない。「問題となる」という表現は，他人事のように聞こえ，主体性が感じられない。「問題とし，それを考察する」というアングルが明確になる文体を工夫すると，引き締まる。添削例を示す。

添削例 ⑦

まず，本問における15歳の女の子と15歳の男の子は，共に18歳に達しないため，両者とも未成年者である（民法4条。以下法と略す）。

未成年者が法律行為をするには，原則として法定代理人の同意を得なければならないところ（法5条1項本文），本問における15歳の女の子が15歳の男の子にチョコレートをプレゼントしたという行為が贈与契約にあたることから（法549条），15歳の女の子が法定代理人の同意を得ずにチョコレートを贈与し，15歳の男の子が法定代理人の同意を得ずにチョコレートを受領した場合，それぞれの法定代理人が本問法律行為を取り消せ

（赤字注記）
- 「る」
- 論理の進め方がおかしい。
- 「…ところ…ことから…問題となる」の文体を多用する理由は何か。

るか否かが問題になる（法5条2項）。

　15歳の女の子がチョコレートを買う際，法定代理人がチョコレートを買うという目的を定めて財産を渡した場合，女の子がチョコレートを買ったのであるならば，その法律行為は「目的の範囲内」の行為といえ，法定代理人が当該法律行為を取り消すことはできない（法5条3項前段）。また，小遣いのように，目的を定めないで処分を許した財産を用いて女の子がチョコレートを購入した場合にも同様である（法5条3項後段）。しかしながら，法定代理人が文房具を買うという目的のために女の子に与えた財産を用いて，実際には女の子がチョコレートを購入したような場合，その法律行為は「目的の範囲内」の行為を逸脱したといえるから，法定代理人は当該法律行為を取り消すことができる（法5条3項前段）。

　15歳の男の子がチョコレートをもらう行為は，「単に権利を得」た場合ということができることから，法定代理人は当該法律行為を取り消すことはできない（法5条1項ただし書）。

◀ **3** 附番について附録の話 ▶　なお，段落の問題に関連して話題にした番号のことについて，若干のことを付け加えておこう。みだりに一連番号を振る，ということの弊害がみられるのは，段落や改行の問題の関連においてのみではない。

　まず，番号を与えて列記しているが，何を列記しているか，ことわりがないことがある（⇨ PART Ⅱ **2** 4「全体を整える」**2**「数え上げ」）。

また、出題の1つのイメージとして、「公訴権濫用を題材とする下記①・②・③の最高裁判所判決を比較検討した上で、本問事例における公訴権濫用の弁護人の主張の適否を検討せよ」というようなものを考えるとすると、その解答の論述において、「いわゆる形式裁判には、①公訴棄却（判決で言い渡される場合）、②公訴棄却（決定で言い渡される場合）、③免訴、④管轄違があるが、本問は、①をするかどうかを検討すべき場合であり、以下論ずる」といった文の運びをよく見かけるけれども、ここで番号を用いなければならない理由は、ないと思われる。判決で公訴棄却を言い渡す場合のみを論ずるのであり、そのほかのものを論じないものであるから、番号を実効的に引いて論述を続ける場面は、ないことになる。番号を用いることが無益であり、また、読み手が煩雑感をおぼえることがあるから、有害ですらある。番号を用いることが有益であるのは、あとに続く文章において、「①・②と③とを比べると……が異なり、また、形式的訴訟条件を充足しない点で共通する①と②とは……という点で異なるから、区別される」などとする展開が期待される場合である。

　ただし、その場合であっても、出題者がすでに職権で用いている附番の権能行使に挑むような番号の用い方は、不遜であり、論述の意味を曇らせる。出題において、「公訴権濫用を題材とする下記①・②・③の最高裁判所判決を比較検討した上で……」と題意がすでに用いている番号と重複して、「いわゆる形式裁判には、①公訴棄却（判決で言い渡される場合）、……」と書くことは、おかしい。そのあとの論述で用いられる①ほかが、判例を特定するものか、裁判の種類を述べるものか、わからなくなる。

　しかし、やたらに番号を答案に用いる気持ちも、わからなくはない。試験場での受験者の心理は、暗記したことを吐き出すことに気持ちが向かいがちである。公訴権濫用の主張が認められると実体審理をすることにはならないから、その場合の裁判は、というと、ええと、あれとあれとこれがあった、そう、ノートに記しておいたことをひとまず書いておこう、ということなのであろう。しかし、それはそれで、読み手のことを考えないで、ひたすら暗記の成果を吐き出すことに気が向いてしまう水準の学生なのであろう、と採点者に見抜かれる契機でもあるから、ご用心。

　ついでにいうと、番号で要件を列記したあと、事案に即した点検をする際に、

いちいち「何番充足」などと書いている（この不思議な表現は何か流行になっていますね）のも，読んでいて，煩わしく感ずる。これも，必ずしも有益な場合ばかりではなく，むしろ書き手が自分で納得したいために用いられる表現であるという印象が強い。

5 伝えようとする意志

● 裁量点を勝ち取る

　ここまでに述べてきたように，よく結構を考え，段落の作り方などを考え込んで書くことが大切である，などということは，考えてみると当たり前のことであって，いまさら，という感覚があるとともに，いまひとつ皆さんが本気でこのことに向き合わない。その理由は，ある。しっかりあると言ってもよいが，はたして皆さん自身が意識しているかどうかは，知らない。とにかく無意識にせよ，こういうことがあるにちがいない。つまり，どうせテストは，覚えていることを書けば点になるし，裏返すと，書いていなければ点が得られない，書いてあるかどうかで決まるのであり，わかりやすく書いてあるかどうかは関係がないさ，と，心のどこかで，そう考えてはいませんか。

　たしかに，いままでの日本の教育には，そのような暗記志向がある。

　しかし，それでは困るのである。法律を学ぶ諸君には，問題提起をする能力と同時に，題材を論理的に展示する能力が欲しい。なんのために，ですって？決まっているでしょう。そのことが，この国の民主政の水準を左右するからである。裁判官や弁護士になる人たちが論理的に明快な思考を根拠として司法権力を行使することがなければならないことはもちろん，それを批判する市民もまた，論理による思考をし，そのことがわかる文章でその思考を示してもらわなければならない。その能力を引き出すのに学校でする試験が適切に機能していないというならば，採点の仕方を改良すればよい。すなわち，裁量点は，そのために設けられる。同じことを書いても，文章が下手であれば，個別の採点項目も，いまひとつ十分でないと，なにかにつけて点が減らされ，その上，全般の評価として裁量点を大きく失う。思考力重視の日本の教育の全体が，今後，

この方向に動いていくであろうし，法学教育は，特にそうである。力をこめて文章を書くことが，全体として大きな得点を獲得するために必須であることを，おわかりいただけるであろうか。

6 根拠を示す

● 法律学というものの覚悟 ●

1 まず根拠を示す　文章は自分の頭で考えて書け，ということは，文章を論ずる際に，必ず登場する，いわば定番の御説教である。

　この本でも，そのことは，強調したい。

　しかし，扱っているものが，法律の適用を示すものである，ということを思い起こすと，話は，少しややこしくなり，むしろ自分の頭で考えてもらっては困る，ということを諭さなければならない場面もある。

　自衛隊の海外における活動は憲法に適合しますか，と尋ねられ，「まあ，最近の国際情勢はですね，私が考えるところでは……」とか，あるいは，自分の物を壊すと処罰されますか，と問われ，「ええ，いろいろな意見はあるでしょうが，すべて物には命というものが宿っていて，それはたとえ所有者であっても大切にしなければならないと思うのですね，あくまで私の見方ですが」などと述べられ，ひどいときになると答案などに書かれる。これは，困る。だれも，あなたの意見など尋ねていない。憲法の前文や9条，そして刑法262条などにまったく論及しないで，滔々と個人の意見に終始する答案は，まったく点が与えられない。それは，なぜであるか。法律の適用というものが，まぎれもなく権力作用を扱う営みであるから，にほかならない。自分の物だから壊しても処罰されることは納得がいかない，と考えている本人の意に反し，場合によっては自由を奪って懲役刑を科するかもしれない，という事案を扱っている，ということを思い起こしてほしい。物には生命……といった，あなたの趣味に近いような意見で処断されたら，たまったものではない。その処罰されようとしている者に対し，「けっして個人の意見でなく，国民の代表者が採択したルールを根拠としてお示ししますが，それによると自分の物であっても，差し押さえ

167

られたり，他人に賃貸されたりしていた物は，壊してはいけないのですよ，本件は，あなたが他人に貸している物を壊したのですから，有罪です，たとえ，あなたの気に入らない解決であったとしても，この解決を強制して実現します」ということを告げなければならないことが，法律を適用し，そして，その適用のありようを学ぶ者に求められる覚悟である。

❷ 次に根拠に基づいて自分の意見を示す　　だから，法律の答案を書く際には，必ず根拠となる法令の規定を探し，それがあるときにそれを示さなければならない。

　とはいえ，この先，難しい問題もある。

　根拠となる法令の規定が見あたらないこともある。刑事罰を科そうとする場合にそれはありえないが，ときに民事では見られる。また，法令の規定があるとしても，その理解について，意見が分かれることがある。それは，刑事であっても異ならない。たとえば，次のように被告人が言い立てたとしたら，どうか。「たしかに他人に賃貸していた物を壊せば罪になりますが，自分は他人に無償で貸していた物を壊したにすぎませんから，無罪であると考えます」と。うーむ，困りましたね。はっきり法律に記されていない。

　こんなとき，どうするか。このときこそ，自分の意見を書くことができるのである。否(いな)，自分の意見を書かなければならない。自分の意見で書くということは，何人の権威にも頼ってはならない，ということを意味する。再び思い起こしてほしい。本人の意思に反する解決を強いるという権力を私たちは扱っている。みんなが支持する意見に従っているほうが，たとえば教師が満足する，裁判官なら出世するかもしれない，学者なら他人から批判されて傷つかないで済む，などということを思っている人々に自分の運命を委ねなければならないとしたら，この国の司法は腐っているとは考えられないか。

　権威に頼らないで書く，それも法律に携わる者に求められる覚悟であるならば，答案に「判例同旨」などという怪しげな括弧書を用いることの問題も考えなければならない。そこで，この「判例同旨」という表現の問題性を話題にしてみよう。

　「……という事実関係のもとにおいて，A・B間の法律関係は，どのように

なるか」と問われ，解答者が理由を添えて一定の結論を提示する記述をしたのち，それが"判例同旨"であるとする注記を添える答案は，よく見かける。ある意味において，学生諸君の癖であるといってもよい。

では，その注記を添えることは，どのように評価されるか。

まず，はっきりしていることとして，その注記を添えたことにより不正確な論述となる場合において，それが減点の対象となることは，いうまでもない。判例の中には，事例判断としての性格の濃いものも少なくなく，その場合において，本当に題意の「……という事実関係のもとにおいて」そのように考えることが判例同旨であるかどうかは，少なくとも容易に断定することのできる事柄ではない（⇨PART Ⅰ 4 3「判例の重要性」）。

もっとも，そのような点検を経てなお判例同旨とみることのできる場合は，あることであろう。その場合において，判例同旨という注記を添えることは，どのような意味を有するか。その役割は，解答者の採用した結論が判例の趣旨と一致していることを伝えようとしているものとみることが，まずは素直であろう。しかし，よく考えてみると，普通，採点者は判例を知っているから，わざわざ判例の情報を解答者から教えてもらう必要を感じないし，また，解答者も，そのことは，知っているにちがいない。そうすると，この注記の本当の意味は，解答者が判例を知っていることを採点者に伝えたいということに求められる。

それはそうであるとして，問題は，その注記を入れたことで点が上がるのか，ということである。題意が「……という事実関係のもとにおいて，A・B間の法律関係がどのようになるか，判例の趣旨を紹介した上で自身の見解を示せ」となっているのであるならば，判例に論及する答案とそうでないものとで評価に差等が生ずる。それは，当然であろう。

これに対し，「……という事実関係のもとにおいて，A・B間の法律関係は，どのようになるか」という問いで判例に論及した者に加点をすることはアンフェアである。判例同旨の注記を入れなかった者も，多くは判例を知っているはずであり，にもかかわらず題意が求めていないから論及しなかったということがあり，それは，非難されるべきことではない。

そして，ここが実は強調したいことであるが，最も困るのは，理由付けを不

完全にしたまま結論を提示して判例同旨の注記が添えられる答案である。当然のことであるが、その評価は、低い。理由付けの不備が判例同旨の注記により挽回されることは、絶対にありえない。

　またそして、このあとは想像。それにもかかわらず、なぜ判例同旨の注記が愛用されるか。想像には、悪意の想像と普通の想像がある。悪意のほうは、理由付けが十分でないことを予感しつつ権威を借りて点を上げようとする不埒な動機によるとする想像であるが、この本の読者の皆さんがなっていくであろう姿は、このような人は少ないのではないか。おそらく、普通にありうることは、もっと理由付けを考えなければならないことを自覚しながら、考え続ける苦しさに負け、判例と同じだからよいであろうと書いてしまうものであり、いわば自分に敗れたことの帰結にほかならない。そうであってはならないから、何より皆さんへのメッセージとしては、その苦しさと最後まで戦ってほしいということを伝えなければならないし、それを伝える最も効率的な方法は、判例同旨と書いても点が付くものでないことを明確に知らせることである。そう、ここでしているように。

7 気負って書く必要はない
● 新政府の巡査のようになってはいけない ●

　ここまでの学生諸君に対するアドバイスと並んで、法律学の教育に携わる教師の側において考えなければならないことがあるし、また、法律を専門とするのでない社会一般の皆さんに理解を乞いたいこともある。いろいろ言い出すとキリがなく、問題を膨らませていくならば、日本の作文教育の貧しさというところまで話は拡散することであろう。

　あまり雑然と論点を並べてもいけないから、さしあたりの整理をすると、1つには、法律学に特有な問題というよりも、操ろうとしているものが日本語である、ということからくる問題は、たしかにある。ここまでに挙げた文例にも見える「……ところから、……ということが問題となる。この点、……」という書き方は法学部の学生が好んで用いるものであるが、そこには、日本語の特

性がもたらす問題も見え隠れする。これは，後出の 8「平易な接続表現の心がけ」において取り上げることにしよう。

　また，「問題となるも，できないと解する」は，なぜ唐突に文語表現が登場するか，と考え始めると，こちらは，学習対象である法律というものにつきまとう雰囲気というか，あるいは，法律学が宿命的に醸す体質の問題がある。この表現を用いる意識のなかに，なにか法律を論ずる文章は，威張って書かなければならない，という思い込みがあるのではないか。思い込みというよりも，おそらくそこに本質が潜んでいる面もあるが，学生たちは，訓練が足りずエレガントに威張ることができていない。威儀をもって物事を述べることに習熟していなくて，ただ威張っている，ということになると，どうなるか。そうそう，あれです，明治維新の直後から明治初期の時期の巡査が威張っている様子のイメージです。他人を見下ろして「エヘン」とか言うのであるが，見ている人たちからはまったく尊敬を獲得することができず，滑稽ですらある，あの姿である。

　そんな姿になっていけないと考えるならば，心がけなければいけないことは，あまり気負って書く必要はないということである。まして，威張って書くことは，論外である。もちろん，その半面において，くだけすぎてもいけない。原告が"かわいそう"だから請求が認められるべきである，とか，被害者の無念を思うと被告人の行為は"腹立たしい"から有罪にすべきである，などというのは，きわめて稀ではあるが，答案で見かけないものではない。これも，困る。要は，くだけるのでもなく，威張るのでもなく，平易に書く。同じことを言い換えるならば，「端的に書く」ということであり（⇨PART Ⅱ 2 1「文を整える」8「端的に書く」），考えてみれば当たり前のことであり，法律に限らず，公式な性格をもつ文章を草する際の一般的な心構えである。

8　平易な接続表現の心がけ

●　したがって，そこで，しかし　●

1「とすると」という接続表現　　法学部でも法科大学院でも，答案を読

171

むと、同じ答案に数度出てくる表現、つまり癖になっている表現があることに気づく。のみならず、実は、それが多くの答案で散見され、つまり流行になっていることも窺われる。そのような表現には、いろいろなものがあり、たとえば、「とすると」という接続表現がある。

　2016年1月に世界保健機関が終息を宣言したエボラ熱の際に話題になったことを題材とする文章を例とするならば、

> 　エボラ熱の伝染が欧米先進社会においても脅威となりつつある。いくつかの国においては、西アフリカから帰国した人の行動を制限することも論議になっている。行動の制限は人権に関わるという意見もある。しかし、この病気の脅威は深刻であり、人々に与える不安感も並大抵ではなくて、このままではパニックが起こるおそれもないとはいえない。
> 　とすると、帰国した医療関係者の行動を規制することは、やむをえないと考えるべきである。

という具合に、である。

　よく答案で見かける論の進め方であり、微妙な役割を果たしている「とすると」の言葉には、いくつか問題がある。まず、これは仮定の表現であって、責任のある態度決定がされていない。パニックが起こるおそれがあるとしても、よく人々に説明し、根拠のない風聞を防止するならば、パニックのおそれをなくすか、減らすことができる。この可能性も考えた上で、パニックのおそれは、重大なものとみるか、重大なものとみないか、態度決定をしてもらわなければ困る。帰国した医療従事者や報道関係者の居住や移転の自由という人権に制約を加えるかどうか、という重い問題を考えているのであるから、"仮に" パニックのおそれを無視することができないとすると、などという無責任な態度ではいけない。法律を学ぼうとする者であれば。

　それにもかかわらず、学生諸君が、この表現を好んで用い、けっして「したがって」としない理由は何か。

2　第1の理由

　まず、簡単に想像可能なことがある。保身と言ったら

よいであろうか。帰国者の行動制限の適否について採点者がいずれに好感を抱いているかわからないからには，安全策を採り，いろいろなところで断定を控えながら論を最後まで進める。実に小心な，と笑うことは簡単であるが，この人たちも試験で不合格になるならば何かの不利益を受け，場合によっては人生のリズムが狂うのであるから，笑ってばかりもいられない。

そして，ここに話がとどまっているのであれば，皆さんに採点の基本姿勢を紹介した上で，好ましい言葉遣いをすることを諭せばよい。つまり，どちらの意見であると点が高くなる，というような採点はしないから，堂々と責任感が伝わる，きちんとした国語で書きなさい，と案内しておくことである。

3 第2の理由

こう学生諸君に諭した上で，あるとき，さらに尋ねてみたことがある。それが，あと1つの「とすると」の問題点にほかならない。百歩譲って，その意味の表現を容認するとしても，なぜ「とすると」という品に欠ける表現にするか，どうして「そうであるとすると」としないか，と問い，返ってきた答えには，おどろかされた。曰く，「時間が惜しいです。少しでも手数を節約しなければなりません」と。

たしかに，たった5字であるとしても，一通の答案の中で，その種の節減に努めて筆を走らせたときとそうでないときとでは差がでてくるものかもしれない。あるいは物理的な差がたいしたものでないにしても，心理において随分と異なるものであるかもしれない。

COLUMN ⓫ レポートの文化と答案の文化

ここに実は，法律を学ぶ学生における文章の問題というものが，単なる学習方法の問題でなく，法曹養成制度改革の帰趨に関わるところの，誤解を恐れずに述べるならば，紛れもなく1つの政治問題である側面が潜んでいる。

法曹養成制度改革の中心に位置づけられたものが法科大学院の制度であり，法科大学院においては，入学者選抜の多様性ということが標榜される。法学部の卒業生のみを受け容れるのでなく，経済学や会計学，さらに自然科学を学んだいわゆる理系の学生を受け容れて法律家に育てることに価値があるという考え方である。実際，魅力のある人たちが集まってきたし，かつての司法試験の制度のもと

では絶対に法律家になることはなかったであろう，という若者たちが法曹資格を得て，現に大切な仕事をしている。

しかしまた，希望を抱いて入ってきたのに法科大学院における成績がいまひとつ伸びない，という人たちもいる。学部課程の時代の成績を調べると，皆さん優秀であるのにもかかわらず，などということがみられなくもない。

その現象が目立つのは，総合政策系や国際関係系から来た学生諸君であり，だいたい学部の時には，あらかじめ与えられた主題について・長い文章を・時間を費やして・いろいろなものを参照して書く，ということで能力を評価されてきた。ところが，例外もあるが，法律学の成績評価は，これとまったく異なり，始めの合図があるまで秘匿された主題について・数頁の短い文章を・限られた時間で・何も見てはいけないから記憶させた知識に基づいて書く。一言で述べると，レポートと答案の文化の差異であり，それが他学部で優秀であった諸君の受難をもたらす。法律学の試験は，きわめて窮屈な空間で求められる演技で点を得なければならない。だいたいがエボラ熱でもたらされる社会不安についての処方を責任のある態度で書け，などと求められてもできないのである。レポートであれば，世界保健機関や日本の厚生労働省，さらに入国管理の当局のウェブサイトなどを参照して，じっくり堅固な論を組み立てる。それができないところで効率よく成果を得ようとするならば，いきおい「とすると」という便利な表現に飛びつくし，大学では授けてくれない便利な表現のリストを提供してくれる媒体ばかり頼りにされる。その裏返しであるが，論文の作成方法とか，レポートの書き方といった本は，ここでは売れない。ニーズと関係がないから。

4 法律を学んできた学生諸君へ　とはいえ，分析をして現状を嘆いてばかりいても始まらない。さしあたり，ここで取り上げた具体の問題について実践的に述べると，「したがって」を用いるよう促すべきである。「とすると」より1字多いにとどまるし，したがって，と断じたからといって，採点者は，そのこと自体の当否でなく，そこに至る論の積み重ねを見ている，ということを丁寧に説き続けるほかない。

ついでであるから，学生諸君の答案の文体における類似の事象をオン・パレードしておこう。平易な順接の不自然な言い換えが「とすると」であるのと対照をなして，逆接の表現において癖になっているものが，「そうであっても」であるらしい。2012年に消費税率の引上げが論議された頃に目した文章を題

材とすると,

> 消費税の税率を引き上げるべきか, 時事的に論じられている。自民・公明・民主のいわゆる3党合意で10パーセントにすることが予定されているところから, 問題となる。
> この点, たしかに, 景気が思うように上向いてきているとはいえず, 個人消費の落ち込みは著しいから, 増税をするのに適する時期でないという見方があることは理解できる。
> そうであっても, もはや国の財政は深刻な事態となっているのであるから, 歳入構造を抜本的に改善するために, 多少の犠牲はやむをえないと考える。したがって, 増税の先送りはすべきでない。

などという用い方がされる。なんのことはない, 単に「しかし」とすればよいことである (⇨ PART Ⅱ 27「接続表現で文をつなげる」)。この例は,「しかし」より字数の多い「そうであっても」が好んで用いられる理由はわからない。なんとなく流行になって用いられているという程度のことであると感じられるが, しいて推測するならば, ここでも断定を控える保身感覚が無意識のうちに働き, 簡明に逆接の表現 (「しかし」) によることを避け, 譲歩の表現が採られるものであるかもしれない。それにしても, きれいな譲歩の表現は,「そうであるとしても」であり, それを「そうであっても」とするのは, やはり字数の節約の心理が潜むとみるべきかもしれない。いずれにしても,「そうであるとしても」は, 用いて採点者に良い印象を与えることはない, ということは知らせることがよいであろう。

また, 接続詞ではないが, 文の続け方が不自然であるものの典型として,「問題となるも, できないと解する」というものがあり, 前述の7「気負って書く必要はない」においても取り上げた。「……ができるかどうか, ということが問題となるが, それは, ……をすることはできないと考える」の無残な縮約である。これの変形であるが,「明文なく問題となるも, できないと解する」というものも, よくみかける。翻訳すると,「明確な規定が法律に設けられていないために, 疑義があるところであるが, ……のことは, することができないと考え

る」となる。いちいち翻訳しなければならないような、コミュニケーションの力に欠ける表現であるけれども、法律を学ぶ学生たちの一部においては、これらを用いると答案としての体裁が整う、という誤解が根強くある。

　根強く存在してはいるが、どれもおかしい。「問題となるも」と文語にすると、なにか権威のある文になるという誤解があるかもしれないが、客観的に見れば、根拠がなく威張っているにすぎない。「明文なく」も、欲を言うならば「明確な規定が法律に設けられていないことから」としてほしいが、どうしても時間を（したがって字数を）節約したいのであれば、せめて助詞の「が」を入れて、「明文がなく」くらいにはすべきであろう。なお、やや性質の異なる問題になるが、こうした表現を用いると答案を書いた気分になってしまっていて、論理が失われていることも、よく見かける。

> 本問の被告である債務者は、本件取引当時、認知症が進行していたから、意思無能力であった可能性があり、その効力がどうなるか、明文なく問題となるも、無効であると解する。

という文章がその例であり、これには唖然とする。そうまでして、「明文なく問題となるも、……と解する」としたいものであろうか。たしかにこの答案が書かれた当時の民法には、意思能力がない状態でした法律行為の効力を定める規定がなかったが、同法に3条の2が設けられた後であったとしても、このおばあちゃん（おじいちゃんかもしれないけれど）が物事を理解して取引をしたかどうかは、問われなければならない。そのことと規定の有無とは論理的に関係がない。溺愛する表現で感覚的に筆を進めると、こうなってしまう。通俗的な答案文体に頼ることを止め、平易な文章を書くように心がけてほしい。平易な文章によってこそ、すっきりした論理を表現することができる（⇨PART Ⅱ **217**「接続表現で文をつなげる」）。

◀ 5 初学者の皆さんへ ▶

多少なりとも法律を学んできた経験のある人たちに上掲のアドバイスをするとともに、初めて法律を学ぶことになる皆さんにもガイドがある。

経済学部や文学部，あるいは理系の学部を卒業して法科大学院に入学してきた皆さんや，社会人で入学してきた方々は，法律の答案というものを書いた経験が乏しく，不安が大きい。そのことは，十分に理解することができる。だから法律学の学習経験が自分よりも豊富な友人たちに相談することを止めはしない。しかし，友人たちがくれるアドバイスは，吟味をして聴いてほしい。できれば，教師や，教育の補佐をする役割でそれぞれの法科大学院が設けているスタッフなどにも相談して，与えられる情報の価値を相対化して判断してほしい。

　「とすると」，「そうであっても」，「問題となるも」，「明文なく」などという，おかしな日本語を用いて学生が答案を作るのは，日本の中で，法律学をする人だけである。しかも，それをすると高い得点になるか，というと，そのようなことはまったくなく，完全な学生の側の誤解である，ということも，まことに奇妙な状況である。

　法律学における文章に何か特別の約束があり，それに従って答案を作成しないと認められない，というしきたりのようなものはない。平易で論理が明らかな文章は，評価され，そうでないものは高い点が得られない，という，ごく普通のわきまえがあることでよい。そこをきちんと理解し，妙な文章の綾のことなど気にしないで，とにかく法律的思考の中味をしっかり理解することを積み重ねていっていただきたい，と望む。

6　翻訳不能の接続詞

よく学生の答案で見かける表現，つまり，流行になっている表現は，ほかにもあり，ひきつづき接続表現から例を拾うと，「この点」という言葉を間に挟んで前後の文を続ける，ということが見られる。この表現を見て，法科大学院や法学部の教師の職にある人に尋ねると，たいてい，あまり愉快でない，と言う。たしかに，愉快でない。おそらく西洋語に訳することも難しい奇妙な接続表現である。

　しかし，愉快でない，とか，翻訳に適さない，とかいう理由のみで学生を叱るわけにはいかないであろう。なにしろ，最近では，弁護士の執筆する雑誌論文や，あろうことか判決文でも，ときに見かける。おそらく，「この点」で答案を作成した人たちが法曹資格を得たからであろう。このまま増え続けると，そこが言葉というものの恐ろしいところで，愉快でないと考えている人た

ちのほうが少数派となり，もはや歯止めが効かない，というところまでいきそうである。その格好の例は，「原則，禁止されます」，「基本，その意見で良いと考えます」という言い方であり，「原則として，禁止されます」，「基本的には，その意見で良いと考えます」と述べるものを不自然に縮めたものであるが，いまさら不自然と難じても，もはや新聞記事から役所の文書までを席巻しており，止めようがない。

　幸い，「この点」の不可思議な用法は，法律に関係する人の間にとどまっているようであるから，できるものなら今のうちに退治しておきたいと感ずるが，いかがなものであろうか。

　そこで，この表現の問題点をいくつかの観点から考えてみたい。表現が用いられる背景や要因はいくつか考えられるが，それを述べ始める前に，まずは現物を見ていただくとしよう。現物といっても生の答案だと話が込み入るから，架空の例を用いて考えてみよう。

> 　いわゆる女性専用車は，公共交通機関である鉄道の電車の特定の車両について，女性などのみが乗車することができるとするものであり，男性である乗客の使用が制限されるものであることから，その導入の適否が問題となる。
>
> 　この点，男性が男性であるという自分では選択することができない事由により行動を制限されるものであるから，これは，法の下の平等に反しないか。
>
> 　この点，車内で痴漢などの被害に遭うことが多いのは，実際上ほとんどが女性である。とすると，通勤時に女性が気持ちよく過ごすことができるようにし，もって両性共同参画社会を推進する上からも，女性専用車の試みは，理由があると解する。よって，女性専用車を導入することは，適当であると考える（JR各社，パスモ参画会社各線の運用，同旨）。

　「この」が何を指すか曖昧なものになるおそれがあることは，すでに指摘しているとおりである（⇨ PART Ⅱ 2 2 2「指示代名詞を置き換える」）。くわえて，いくら探しても「この」が指すものがない用いられ方もみられる。こうなると，

そもそも指示の表現として用いてはならない場面で用いられていることになる。ある法律関係者の文章を点検したところ，同じ頁のなかに3回の「この点」が登場する。そのうち1つは要約（置き換えるならば「要するに」，「総合すると」など），別の1つは例示（「たとえば」），残る1つは逆接（「しかし」）に置き換えられるべきものであった。また，別の文章では，同じ注記のなかの2箇所で「この点」が用いられており，やはり一方は例示の接続の代用であり，他方は，単純に取り去るとよいものである。これをいちいち考えなくても文から文へと論を進めることができる，というところに利便があるのであろう。この利便に頼って「この点」を用いることは，安直であり，また，情緒的な文章をもたらしがちである。

7 推測される「この点」の背景事情

「この点」を用いる筆の進め方が好まれるのがなぜか，軽いタッチのものから挙げると，まず誰かがしたものを皆が真似ている，ということがある。日本の教育制度のもとでは小学校から大学に至るまでの間に論理的な文章表現を体系的に教えられることがない。試験も，大学に入るまでは，概してマークシートによることが目立ち，たまに文章を草させるとしても，600字以内で書け，などという，ないほうがまし，という手合いである。それなのに法律を志すようになって突然，文章で論理を表現する立場に置かれる。途方に暮れるのも，無理はない。そして，それを乗り切るためには，誰か特に成功を収めた先輩や同輩のものを模倣することは，手っ取り早い。

これがまずは端緒であるとすると，次に気づかれなければならないことは，なんとなく格好がいい，ということがある。言い換えるならば，まねをするに価する印象を備えている。研ぎ澄まされた日本語の感覚からはまったく恰好などよくないものであるが，初めて論理の文章を綴ることになる人にとっては，なんとなく物事を立派に述べているように映る。そのあたりの事情は，「原則，禁止されます」という表現が蔓延したのとよく似ている。

とはいえ，ここまでであれば，まだよい。他人のものまねは浅薄です，格好いいと思っているのは実は誤りです，と諭すことでよい。

頭が痛いのは，ここからである。

学生たちが「この点」を用いる衝動に駆られることの大きな後景をなす構図として，日本語の特性と，その日本語を用いてきた私たちの文化の成り立ちがある。私たちは，どうしてもコミュニケーションをする際に，相手に対し同調を求めたがるし，また，同調が確保されることを確かめながら，論を進めようとする（⇔PART Ⅰ 1 11頁も参照）。先に掲げた例文の中には「この点」が2度登場するが，前のほうに登場するものが，それにほかならない。これを何かで言い換えるのではなく，取り去っても文章は成り立つ。たいていの「この点」で答案で見かけるものは，このタイプである。取り去ってもよいものを書きつける理由は，その前の文から次の文への展開を滑らかに進め，読み手の意識に抵抗感を残さないようにすることを意識してしまうからである。私たちが英語や，ドイツ語，フランス語などのヨーロッパの言語で作文をする場面を考えると，このことがよくわかる。本来，これらの言語は，読み手に情緒的な同調を求める要請を含まない。しかし，日本人が書くと，そう，英語で例を挙げると，ある文から次の文に移る際に，〈then〉とか〈by the way〉などを置きたがる。これらを用いているものを見ると，いかにも日本人の筆という感あり，である。どうしても文と文との間に何かの接続表現を設けないではいられないのが，私たちであり，ネイティブ・チェックに附すると，多くは削られる。

COLUMN ⑫ 和をもって貴しとなす

　和が大切である，ということを諭すことの意義は，かなり奥深いものがあると思われるが，いずれにせよ祖先から伝えられてきたこの考えが私たちの言語にも関わりがある。日本語の特性という補助線を用いると理解がしやすいのは，例文のあと1つの「この点」も，例に漏れない。ここも，なくてもよいとも考えられるが，どちらかというと，逆接の響きがある。それならば，「しかし」とか「とはいえ」にすればよいはずであるが，それをすると，前後の文の論理的葛藤が露わになる。露わになってよい，とは，なかなか考えない感性が，いわば日本語にインプットされた遺伝子配列である。
　2つの「この点」に共通に看取されることは，文から文へと続ける際の論理的緊張に耐え切ることができない，という困難にほかならない。このことに気づくと，それとともに，あとのほうの「この点」の直前が疑問止めになっていること

の理由も，見当がつく。この疑問止めというものも，濫りに学生の答案で用いられる表現である。「女性専用車は平等に反する，という見方も成り立つ」と明快に断定し，その上で論を進めるべきところであるにもかかわらず，そういう断定をすると何か角が立ち，採点者の機嫌を損ねるのではないか，と心配するから，そこを婉曲にし，さらには「この点」で滑らかに（と，書いている本人は思い込んでいる）つなごうとする心理が無意識に働く。

8 接続のスキルアップのためのアドバイス

「この点」や「とすると」などの不自然な接続表現の背景が理解されるならば，その上で，では，どうすればよいか，アドバイスがほしい，という気持ちを抱く読者もいることであろう。解決の中味は異にするが，2つほどアドバイスを差し上げよう。第1の克服策として，いっそのこと接続詞を省いて書いてみるところもあってよい，と考えてみてはどうか。これは，突飛な思いつきでもないし，けっして暴論でもない。世界の舞台に出して十分に傑作として評価してもらえる『源氏物語』について2人の碩学が語り合っているところに少し耳を傾けてみよう。「『源氏物語』は接続詞がない文体で書いてあるんです。そのせいで読者の抵抗が強くてくたびれるって気がぼくはするんですね」と，まず丸谷才一氏が述べる。これは卓見であるとみられるとともに，くたびれるのはおそらく読者に限ったことでなく，接続詞を用いない緊張で書き進めている紫式部だって，相当のエネルギーを費やしている。そこには，接続詞など用いないでも，一つひとつの文が地に足をおろし，しっかり踏みしめ，また踏みしめ，そのようにして，この私たちの世界を相手取って論じてやろう，描いてやろう，という作家の意志がある。文と文を接続詞でつなぎ，互いに寄りかからせ合い，同調させながら，おそるおそる述べてみよう，などという小心さは，そこにはない。むろん，丸谷氏も，この書き方を非難しているものではなく，そのあっぱれ加減を愛でつつ，だからこそ，「そこのところを現代人が読むためには，少し接続詞を補わないと，無理なんじゃないかな」と心配するのであるが，現代人の私たちだって，この文体を力を尽くして摂取しようとすればできないことはないであろう。それが摂取する価値のあるものであることは，対談の相方である大野晋氏が，「当時，

『源氏物語』の文体はかなりきつい文体だったと思いますね。……きついくせに，中身はひどくしなやかで，こまやかで，ほのかであるんです。そしてこの人〔紫式部〕は論理的でもあるんです」と称賛するのである（大野晋＝丸谷才一『光る源氏の物語（上）』〔中公文庫・1994〕）。

　もっとも，自分は紫式部のような大作家でないから，そんな思い切った技を用いる勇気はない，と感ずる読者もいるであろう。そこで，第２のアドバイス。接続詞を用いるのであれば，用いるに価するものを用いよう。何が，用いるに価するか。平易で論理を的確に伝えるものがよい。「したがって」，「しかし」，「そこで」などを一つひとつ吟味して用いることは，妨げられない。接続詞の選択に困ったときは，PART Ⅱ **2** **1**「文を整える」**7**「接続表現で文をつなげる」の７種類の接続詞の分類を眺めて確かめるとよい。あわせてまた，そのときにも，ときには少し勇気を奮い起こしてみよう。接続詞を用いず文から文へ進むことを試してみて，いけそうだったら，おおいに実践してみることを。

　それぞれの工夫を組み合わせて女性専用車の文章を書き換えると，たとえば下記のようになる。

　いわゆる女性専用車は，公共交通機関である鉄道において，女性など指定された人たちのみが乗車することができるものとして指定された車両である。これについては，導入に賛否が分かれている。反対する意見は，性別が人の意思で選択することができる事項ではなく，したがって，それを理由として男性である乗客の使用が制限されることは，合理性のない差別であると主張する。

　一般に，人の特徴や属性に着目して異なる取扱いをすることは，それに合理的な根拠があり，また，その取扱いの内容が適当な限度にとどまる場合には，許容されるべきであると考える。

　車内で痴漢などの被害に遭うのは実際上ほとんどが女性であるという実態があり，これは放置することができない。女性の社会的進出を促すためにも，対処が講じられることが望ましい。そして，現状の女性専用車の扱いは，１つの車列の中の限られた車両のみを指定するものであり，男性の乗客が受け容れることが困難な不便があると評価することはでき

ない。

　したがって，現在行われている女性専用車の試みは，相当であると考えるべきである。

COLUMN ⑬ 昔は「けだし」，今は「この点」

　単に学生諸君の間で流行しているにとどまらず，法律を職業とする人々の間でも頻繁に用いられる表現ではあるが，やはり表現としておかしい，というものは，ときに見られる。

　かつては「けだし」という接続詞の誤用が学者の間で流行になった時期がある。本来は「思うに」という意味であり，この言葉に because の意味はないけれど，その意味で著名な学者の先生方などが用い始め，それを皆が模倣し，収拾の得難い状況を呈した。最近になってあまり見かけなくなったのは，自然に消えたからではなかろう。なにしろ偉い先生が用いている言葉遣いであるから勇気が要ったことであろうが，国語的に適切でないということを指摘しつづけた人もいる。その努力のおかげという側面はあったにちがいない。

　「この点」は，特に改行後の段落の冒頭で用いられる際の害は大きい。前の段落の中の，どの文の意味内容を指して「この」であるかがわからなくなる（PART Ⅱ ２ ２「語句を整える」２「指示代名詞を置き換える」）。後でなく，むしろ改行の直前に置いて処理する例として，女性の再婚禁止期間の憲法適合性を扱う最高裁判所の判決（最大判平成 27・12・16 民集 69 巻 8 号 2427 頁）の中に見えるところの，

　「女性についてのみ 6 箇月の再婚禁止期間を設けている本件規定が立法目的との関連において上記の趣旨にかなう合理性を有すると評価できるものであるか否かが問題となる。以下，この点につき検討する。」

というものは，害が小さい。ただし，どうしても法律家が文章を作成する際に「この点」に頼ってしまう傾向は，やはり看取される。なるべく指示語に依存しないで草することは，努力を要するが，法律学に限らず論理を扱うすべての学問分野に要請される。関係詞を駆使して論理の組立てを表現する欧文脈の場合が羨ましいが，関係詞よりも指示する力の弱い指示語に同じ役割を担わせようとすると，ときに論理が曖昧になる。けれど，嘆いていても仕方がない。工夫と努力を重ねることで私たちは，日本語というものが，立派に論理を伝達する適性をもつ，ということを示したいものである。

9 長すぎる文の危うさ

● 「……は」と「……が」に注意 ●

1 どのような危うさか　「表現の自由は，保障する」という文は，特に誤りではない。助詞の「は」に主体を示す主語提示の役割しかないとするならば，「表現の自由」という者（？）が保障を与える主体であるということになってしまい，たしかにおかしい。しかし，「は」には，主題を提示する機能があり，「表現の自由というものを論ずるとすると，それは，憲法が保障している」という意味の文であって，特におかしいことはない。同じ理由から「昨日は，雨が降った」という文も許される。

　では，「表現の自由は，保障するが，それは，思想の自由競争を活性化して民主政を適切に機能させるためであり，そのようなことでなく，むやみに他人の名誉を傷つけると，犯罪になり，処罰される」というのは，どうか。そんな文章があったからといって，試験で不合格にして単位を与えないというほど，憤りを催す決定的な過誤があるものではない。しかし，あまり感心はしない。どうしてか。なんといっても，全体として何が言いたいか，よくわからない。表現の自由が保障されていること，その趣旨，趣旨に照らし名誉毀損罪というものに正当な根拠があること，これらの3つのうち，どれを強調して結論にしたいのか，3者の比重はどうなっているか，どれもみな何となく述べたいということだけか，それらのあたりが漠然としている。漠然としていて何が悪いか，というと，何を力説したいかわからないから，書き手が信頼され，尊敬されない。そんな人の書いたことは，説得力がないし，ひどいときには，その述べていることの正当性が逆に疑われることにすらなりかねない。いろいろゴチャゴチャ言わなければならない，ということは，本当は名誉毀損罪というものは違憲ではないか，などと勘繰る人まで現れる。

　それから，細かく見ると，文の一つひとつの局部もおかしい。「犯罪になる」の主語は何か，処罰されるのは誰か。小学校の作文の時間このかた，主語をはっきりさせ，主語と述語が対応するように書きましょう，と指導されてきていて，よくわかっているはずなのに，思わず失敗したのは，いくつか理由があ

ると想像される。

　まず、最初の「は」、つまり主題提示の「は」しかなく、主語の前置がないまま文を始めているのに、いつのまにか主語を置いていた、という錯覚があって、「犯罪になる」、「処罰される」の主語はもういいのではないか、と思い込んだ疑いがある。「日本語は、主語が省略できるという、便利な言語である」（⇔ PART Ⅱ ２ １「文を整える」１「主語を明確に示す」）から、逆に、その便利さに振り回されないように、よほど注意をしなければならない。

　そして、いつのまにか、ということになるのは、あまりにも文を長くしすぎたからである。「文を事柄ごとに区切って主語を自覚すると、主述のねじれを防ぐこともできる」という忠告（⇔ PART Ⅱ 前掲の項目）を忘れないようにしよう。

　次に、そのまさに文が長くなってしまった理由は、「保障するが」の「が」にある。「が」は、逆接の意味で用いられることもある（「席の予約をいただいていますが、昨日、２名でお願いしたその予約は、用事ができてしまいましたから、キャンセルしても宜しいでしょうか」の「が」）けれども、そればかりでなく、ここも主題提示の意味をもつにとどまる場合がある（「席の予約のことでお電話したのですが、本日これから、２名でお訪ねするとして、空いているでしょうか」の「が」）。そして、主題提示の「が」は、しばしばエンドレスに文を長くする引き金になりかねない。「表現の自由は、保障されるが」も、「これから表現の自由が保障されていることに関連して論ずべきことを議題とします」ということの読み手への伝達であり、それ自体として、語法に誤りはない。しかし、用いている本人が、よほど注意をしないと、長い文の弊害の原因となる。だから、できれば「一文一義」とし、１つの文に過度な負担をかけないほうがよい（⇔ PART Ⅱ ２ １「文を整える」）。

２ 長い文は誤りか　　小学校の作文の時間からずっと、長い文はよくない、と教えられてきた。大学でも、特に理科系の論文作成指導では、１つの意味を伝えることに１つの文を用いることを比較的やかましく諭す。しかし、話が厄介であるのは、その小学校の国語の時間に児童に読ませる練達の作家の作品には、しばしば長い文が見られる。これは、どうしたことか。実は、理科系の論文は、論理の精確を読み手と共有すればよく、そのことのみが目標であるが、

文学はそうではない。読み手に感性の共有を求めようとするとき，緩急さまざまの文ないし文章のリズムを駆使して，読み手を引き付けようとする。そのために，一気に引き付ける息遣いが適当であるとみられるならば，平気で長い文を用いる。

法律学は，これらの中間にある。論理が強靭でなければならないと同時に，論理として成り立つ数個の法律解釈の意見のうちの1つを支える価値判断への同調を求めて読み手を説得しようとする。そのために長い文を用いることは，一種の正当業務行為である。

1において，「小学校の作文の時間このかた，主語をはっきりさせ，主語と述語が対応するように書きましょう，と指導されてきていて，よくわかっているはずなのに，思わず失敗したのは，いくつか理由があると想像される」と書いた。少し文が長いとも感ずる。「小学校の作文の時間このかた，主語をはっきりさせ，主語と述語が対応するように書きましょう，と指導されてきた。私たちは，そのことをよくわかっているはずである。それにもかかわらず，上の例で思わず失敗したことについては，いくつか理由があると想像される」としようかとも考えた。けれども，長い文が誤りというものではない。文意が乱れるおそれがあるから注意しよう，というにとどまり，政策的に長くして一気に読み手をリードすることを優先するという判断をしたときは，長い文を用いればよい。それは遠慮なくしてよいのだけれど，読み直して「は」や「が」があるときには，いちおう吟味しておくと，なおよい。似た注意として，助詞の「の」に注意しなければならないという忠告（⇨ PART **Ⅱ 2 2**「語句を整える」**4**「『の』を特定する」）も，思い起こしておこう。

◀ **3**「は」について附録の注意を1つ ▶　それから，ついでに指摘しておくと，たとえ主語の提示の意味で用いられるものであっても，「は」は，つねに主題提示の意味，言い換えると強調の語感を伴う。だから，1つの文に複数の「は」を用いると，強調が一点に絞られないこととなり，文意を曇らせる。できれば，避けることがよい。「原告は，建物の明渡しは請求することができる」は，原告でない誰かは明渡請求ができないと強調しているのか，それとも建物の明渡しは請求することができるのに対し，土地の明渡しを請求することはで

きない，と力説しているのか不明瞭であり，少し困る。「建物の明渡しを請求することができるのは，原告である」とするか，「原告が明渡しを請求することができるものは，建物である」とするか，いずれかとすることがよい。

10　誤字の頻出例
● 不正確な用字や語法の羅列 ●

　単純な用字の誤りで目立つものは，"当時者"が，なぜか多い。間違ってしまう理由も，少なくとも私には見当が得られない。また，絶対に誤りとまではしないとしても，きわめて好ましくないものに，"第3者"というものがあり，漢数字にして「第三者」とすべきである。"第二者"という言葉はなく，「三」に序数としての働きはない。

　誤字は法律用語に限ったものでもない。"低当権"は法律用語であるが，つまるところは，日本語を精確に運用することができない過誤も目立ち，"偽制"というものもある。「擬制」と記すことができないのは，フィクションというものの論理学的な意味ないし哲学的な本質を教える機会がない教育の側にも責任があるかもしれない。また，登記の「欠缺」や意思の「欠缺」の「缺」を正しく書くことができないことも，よく見かける。これも，教える側にも責任があり，法律の研究者に法制の変遷ないし展開に不勉強な方が少なくなくて，むしろ現代的な法制上の表現において，登記の「不存在」，意思の「不存在」となっていることを知らず，昔ながらの難しい用字で学生を誤字に誘っている側面もある。

　法律用語ないし法律表現に特有の事例には，"民法94Ⅱ"などの省略表現の問題があり，きちんと「民法94条2項」としたい（こんな省略表現をしていることを判決などで見かけたことがありますか）。法令の名称をむやみに変えることも宜しくない。「製造物責任法」を"PL法"とするのは，そこらの安っぽいキャッチ・コピーの類である。また，単純な誤りも，もちろんあり，「他主占有」を"他者占有"とするあたりが，これにあたる。目的語と述語が照応しないこともみられ，「不法行為責任を請求する」などというものは，困る。「不法行為責任を

187

追及する」か，あるいは「不法行為に基づく損害賠償を請求する」か，どちらかにしたい。

　なお，本来は法律表現の誤りというよりも一般の和語の運用上の過誤であるが，「遺言を残す」というものもみられ，馬から落馬して，残雪が残る，などと同じように，ついしてしまいがちである（このように指摘している私も，口頭のコミュニケーションではしてしまっています。不思議なことに，話している本人もその滑稽に気づきませんし，相手から咎められることもありませんね。しかし，だから見逃してよい，ということでもないでしょう）。

　それから，ここらあたりから，どこまでを咎めるべきであるか微妙であるが，法律表現における概ね一般的な約束として，time を示す場合は漢字にして「時」とすることになっており，"損害を知ったとき" から 3 年，という表現は困る。反対に case を示す意味の場合は漢字にしてはならず，遺言をしていなかった「とき」は法律の規定により相続分が定まる，などと表現することが正しい。さらに，このあたりになってくると，相当に微妙であるが，"支払い" の「い」は送らない。相当に微妙，と述べる理由は，あまり根拠がなく，慣行上そのようになっているものであるからである。「手続」に「き」を送らないことは，"手続く" という動詞がなく，「き」を送らなくても必ず名詞として理解してもらうことが可能であるからであるが，その筆法でいくと，「支払う」という動詞があるからには，名詞にする場合は「支払い」とすべきであるようにも感ずる。しかし，長く法制執務も裁判実務も「支払」としてきたから，少なくとも実務家を志望する法科大学院の学生には，評価はともかく，事象として案内しておく必要はある。

11　自分のルールを作る

　　　　　　　　　　　　　　　　● 本書を読み通した後の皆さんへ ●

　ここまで本書においては，学生諸君の文章表現などにおける課題について検討してきた。いろいろ指摘したけれども，あらためて確認するならば，「自分の力で物事を解決しようという意識を持っている，事実を大切にしてこだわる，

意見の発表ないしはコミュニケーション能力」を大切にする（古口章・座談会発言「新法曹養成制度が直面する問題と改革の方向性」法律時報83巻4号〔2011〕11頁）ということであり，教師の側から言うならば，「法科大学院の教育でも，もちろん，知識が必要なことはわかっているのですが，授業では，知識を教え込むよりも，むしろ法曹として自分で考える力をつけさせることに注力すべき」であるということ（小幡純子・座談会発言・前掲13頁）に尽きる。

　一言で述べるならば，意味のない技術論に執着することなく，基本を大切にしてほしい，ということになるであろうか。基本を大切にすることが，理論的にも大切であり，また，社会に出てからも，自分自身を助けてくれるにちがいない。いろいろな先人の文章も参考にし，工夫を重ねよう（⇨ PART Ⅰ **3 8**「ここまでのまとめ」）。そして最後は，文体は自分で作るものである。なぜならば，文章は，その人の人格の表象であり，個性の恵みであるから。

EPILOGUE

法律学を教える側からのメッセージ
● 採点者はどういう文章を読みたいか

● 採点は大学教員の年中行事 ●

　大学で授業を行う者は，レポート課題の作成とその採点も行うが，とりわけ学期末試験の時期になると，出題と答案の採点のためにかなりの時間を費やすことになる。それ以外にも入学試験の採点も行うし，種々の国家試験の採点を依頼されることもあるから，試験の採点は大学の教員にとり年中行事といえる。われわれは経験を積むに連れて採点作業には相当に熟練し，答案を読むコツも身に付けることになる。学生諸君はそう感じてはいないかもしれないが，同じ法律学の分野を教える者の間で，採点のばらつきはわずかである。同じ答案を複数の教員が採点すると，学問上の基本的な見解の相違にもかかわらず，相互の間での評価のズレというのは目立つものではなく，むしろ高度の一致を示すのが通例である。

　試験はいうまでもなく学修の成果の確認のために行われる。学期末試験の場合であれば，授業の内容が理解されているかどうかが大きなポイントとなる。私は，もし自分の学説にしたがって書かれた答案でないと良い評価を与えない大学教師がいるとすれば，その考え方は誤っていると確信するが（→ PART Ⅰ 5 「答案やレポートを書くにあたって」3 「論点の比重」），ただ，授業をよく聴き，授業中に取り上げたテーマについて教員の側が伝えようとしたことを十分に理解したと感じさせる答案には高い評価が与えられて当然であろう。

● わかっていないと良い文章は書けない ●

　法律学を修得するためには，最低限の知識を頭に入れることも不可欠である

が，しかし本質的には，<u>当該の法律学分野の議論がわかる</u>ようになる，そして自分もその議論に加わることができるようになることこそが重要である。私はこれまで，法学部と法科大学院において主として刑法を教えてきた。学期末試験では，ときに目が覚めるような素晴らしい答案に出会う。私自身にも書けないであろうと感じることさえある。それはどういう答案かといえば，<u>書いた人が刑法（学）をきちんと理解していることがよく伝わってくる答案</u>である。「この人はわかっているな，うんうん」とうなづかせる答案なのである。このことは，大学の学期末試験であろうと，司法試験のような国家試験であろうと，まったく異ならない。

刑法そのものの理解は不十分であるが，文章が作法にかなっていてとても上手だから良い答案になる・高い評価が与えられるということはありえない（逆に，刑法はきちんとわかっているが，文章を書く力がないので高い評価があげられない，ということはありえないことではない）。学生諸君の中には，法律学の中身の理解以前に，答案の書き方のほうを気にする学生がいる。それこそ本末転倒である。法律学本体の勉強が不十分であるのに，これを文章を書くテクニックでカバーするということはできない。そのことは PART Ⅰ「文章というものを考える」においても述べたつもりであるが，法律学という学問の性格を離れて，良い文章というものを語ることはできないのであり，法律学の<u>内容的理解と別に文章作法があるのではない</u>ということをわきまえていただきたいと思う。

◆ **いわゆる論証パターンといわれるもの** ◆

法律学を学ぶ際には，汎用性のある知識と思考力を身に付けることが大事である（⇨PART Ⅰ 5 1「汎用性ある知識と思考力を身に付ける」）。あらゆるケースをあらかじめすべて検討して解決方法を学んでおくことは不可能であり，そもそも人間の頭の容量は限られたものなのであるから，基本的な事例とその解決方法をしっかり頭に入れ，あとはそれを柔軟に応用する形でさまざまな問題に（新たに直面する問題にも）対応していかなくてはならない。

ところが，われわれ採点者が実にしばしばお目にかかるのは，一定の論証パターンをそのまま貼り付けるように答案に書き，課題となっているケースには適合しないのに無理やりつじつまを合わせて一定の結論を導いている答案（正

確には，一定の結論が論理的に導かれているように装っている答案）である。そういう答案にはやはり低い評価しか与えられない。たしかに汎用性のある思考パターンを身に付けることは大事なのであるが，①その前に教科書に書かれていることをしっかり読んで基本的な考え方を理解した上で，②数種類の基本的な事例の解決方法を学び，その中で論証パターンを身に付けることが必要である。その事項についての（教科書に書かれているような）基本的考え方をしっかり理解することなしに，また，相当数のそれぞれに異なったパターンの基本事例を検討してみることなしに，ただ少数の限られた事例にしか適合しない論証パターンを機械的に記憶して，それでいろいろな事例に対応しようとしても無理な話である。

　私のこれまでの経験では，良くない答案の典型例（もっともしばしばお目にかかるもの）とは，論点が抽出できていないもの（⇔PART Ⅰ 5 2「論点の重要さ」）と，論証パターンの貼り付けに終始しているものの2つである。

【 それではどう答案を書くか 】

　以下では，われわれ採点する側が読みたいと思う答案のサンプルを示してみたいと思う。PART Ⅰで取り上げた，いくつかの事例問題を例に用いて，もしこういう事例問題が試験に出されたら，と想定して，こういう答案であったら採点者も満足するであろうというサンプルを示し，若干の解説を付すこととしたい。ここでは，複雑な**事例問題**1は後回しにして，まず**事例問題**2（⇔PART Ⅰ 31頁）から見ていくことにしよう。読者の皆さんも，これまで学んだことを踏まえて，以下の問題が出題されたら，これに対しどういう答案を書いたらよいのか，解答例を見る前に考えてみていただきたい。

■ **事例問題**2

　甲は，宗教団体であるＸ教団の信者である。甲は，教団から脱会しようとして行方をくらましたＡを探していたが，ＢがＡをかくまっているとの情報を得たので，Ａを発見して取り戻すため，午前2時過ぎ，Ｂら家族の住む家の塀を乗り越えて，その庭に無断で入り込んだ。甲の刑事責任を明らかにせよ。

　もしこの問題が，法学部の「刑法各論」の講義の学期末試験で出題されたと

したら，次のような答案を書くことが考えられるであろう。

■ 解答例

　本問においては，深夜に無断でＢら家族の住む家の塀を乗り越えて庭に立ち入った甲の行為が住居侵入罪（刑法130条前段）にあたるかどうかが問われている。

　本罪の客体は，「人の住居」または「人の看守する建造物」等である。このケースの甲は，ただＢ宅の庭に立ち入っただけだが，「人の住居」に立ち入ったものである。なぜなら，Ｂらの住む家は「人の起居の用に供されている場所」，すなわち住居であり，また，住居には，建造物の部分のみならず，それと一体のものとして用いられる周囲の囲繞地も含まれる（判例・通説）からである。

　また，住居侵入罪の予定する行為は「侵入」であるが，Ｂら住居権者の許諾を得ないで住居内に立ち入る行為は，その意思に反する住居権侵害行為であり，侵入にあたる。

　こうして，本問における甲の行為は，住居侵入罪の構成要件に該当し，甲（およびＸ教団）の側にＡを発見して取り戻す必要があったという事情は違法性阻却事由を構成するものではないから，甲には住居侵入罪が成立する。

　解答例の第１段落目は，いわば問題提起の部分であり，甲の刑事責任を検討するにあたりその候補となる犯罪を（刑法典における条数とともに）明示している。**これから何について論じるかというテーマを提示**する部分であり（PART Ⅱ **2 4**「全体を整える」**3**「序論・本論・結論という構成」)，法的文章全体の構成を論理的なものとし，何よりも読み手にとり読みやすく・理解しやすくするために不可欠の部分である。採点する側としては，この一文を読むことにより，これから論証が向かう方向に誤りがないことを確認できる。

　第２段落目および第３段落目は，住居侵入罪の構成要件のうち（本問に解答を与えるにあたり）検討が必要な「客体」と「行為」とに分けて，本事例においてそれぞれにあたる事実が認められるかどうかについて検討を加えている。特に注意が必要なポイントは，住居侵入罪の客体としての「住居」には囲繞地が含まれるかどうかという点である（⇨PART Ⅰ 31頁）。答案を書くにあたっては，この点を曖昧にせずにはっきりと言及し，是非を明確にする必要がある（もし

授業の担当教員が，授業中にこの論点に詳しく言及し，たとえば，囲繞地が住居等の一部として保護の対象となるための要件について裁判例を挙げて説明したというときには，答案の中でもこの論点について少し詳しく検討し，住居の一部とされることの論拠等にも触れた方がよいであろう）。

最後の第4段落目は，検討の結論を示す部分であり，そこでは，甲の側がAを発見して取り戻そうとしていた事情が行為を正当化するものではない（違法性阻却事由とはならない）という当然のことにも念のため言及している。

▎ **事例問題** 3

甲は，**事例問題** 2 と同じ状況で，逃亡中のAを探していたが，BがAをかくまっているとの情報を得たので，Aが本当にB宅内にいるかどうかを確認するため，午前2時過ぎ，隣接するマンションの外階段から無断でBら家族の住む家の屋根に飛び乗った。甲の刑事責任を明らかにせよ。

事例問題 3 においては，Bらの住む家の屋根に乗った行為が住居侵入罪となるかどうかが問われている。ここでも，本罪の客体の意義が問題となる。前述の解答例の第2段落目を次のように変えれば，本問への解答となるであろう。

▎ **解答例**

本罪の客体は，「人の住居」または「人の看守する建造物」等であるが，Bら家族の住む家は「人の起居の用に供されている場所」，すなわち住居であり，また，住居には，建造物の部分のみならず囲繞地も含まれる（判例・通説）。それでは，B宅の屋根の上はどうであろうか。住居侵入罪の処罰規定が保護しようとする人の居住空間（すなわち住居権の及ぶ範囲）には屋根の上も含まれると解される。なぜなら，それもまた囲繞地と同様に，起居の場所として建造物部分とあわせて一体として使用されるものであり，個人の私的領域の一部として刑法上保護されるべきだからである。

次に，**事例問題** 4 を見てみよう。ここでは，本罪の「客体」ばかりでなく，とりわけ条文上予定された「行為」としての「侵入」の意義が問題となる。

■ **事例問題 4**

甲は，**事例問題 2** と同じ状況で，逃亡中のAを探していたが，BがAをかくまっているとの情報を得たので，AaB当にB宅内にいるかどうかを確認するため，午前2時過ぎ，無人機たるドローンに小型カメラを取り付けてBら家族の住む家の敷地内を飛行させ，内部の様子を撮影した。甲の刑事責任を明らかにせよ。

もし私がこの問題の出題者であり，次のような答案を読んだとしたら，私は満足し，そして良い評価を与えることであろう。

■ **解答例**

　本問においては，ドローンに小型カメラを取り付けて深夜に他人の住居の敷地内を飛行させる行為が住居侵入罪（刑法130条前段）にあたるかどうかが問われている。

　まず本罪の客体は，「人の住居」または「人の看守する建造物」等であるが，Bら家族の住む家は「人の起居の用に供されている場所」，すなわち住居であり，また，住居には，建造物の部分のみならず囲繞地も含まれる（判例・通説）。そこで，Bらが住む家の敷地内の空間も，建造物部分とあわせて一体として使用されるものであり，住居侵入罪の処罰規定が保護しようとする人の居住空間（すなわち住居権の及ぶ範囲）に含まれるというべきである。

　しかしながら，ドローンを他人の住居の敷地内において飛行させる行為は，本罪にいう「侵入」にはあたらないと解される。本罪の規定には，「人の住居……に侵入した者は……」とあることから，その解釈上，本罪の保護する他人の居住空間内に「人」の身体が入るという事態が生じることが必要である（ただし，行為者自身が身体を入れなくても，誰か他人を入らせるという間接正犯の形態における実行も可能であると解する）。現実に人が立ち入らなくても，機器や動物を家屋内に入れてプライバシーを侵害する行為まで「侵入」の文言に含める解釈は，条文において用いられている語のもつ限界を越えた類推解釈であり，罪刑法定主義の原則が支配する刑法においては許されないものである。

　本問における甲の行為は，住居侵入罪の構成要件に該当しない。刑法典には，他に甲の行為に適用可能な処罰規定は存在せず，その行為は不可罰である。

　この答案においては，刑法130条前段にいう「侵入」の意義と，その解釈としてどこまでカバーできるかの限界が明確に論じられ，甲が不可罰で

あるとする結論とその理由が説得力をもって示されているといえよう。

もう一歩前へ

事例問題 1

甲は，自動車事故を装った方法によりＡ（女性）を自殺させて保険金を取得しようと企てた。甲は，暴行，脅迫を交え，Ａに対し，漁港の岸壁上から乗車した自動車ごと，真冬の真夜中，水温５度の海中に自ら飛び込んで自殺するよう執拗に命令し，Ａにおいて，自殺の決意を生じさせるには至らなかったものの，甲の命令に応じて車ごと海中に飛び込む以外の行為を選択することができない精神状態に陥らせ，そのとおり実行させた。しかし，Ａは水没前に車内から脱出して死ぬことをまぬがれた。甲の刑事責任について論ぜよ。

事例問題 1 の解答例を見る前に，この種の法律学の事例問題を解くにあたり，ぜひとも知っておいてほしいことを述べておきたい。それは，もはや本書のような入門書の域を超えて一歩進んだ（いわば中級レベルの）知識に属することである。

私は，法律学の学修の段階には次の３つの段階があると考えている。まず，**第１段階**は，民法学や刑法学といった法律学の教科書・体系書に書かれていることを読んで理解できる**読解力**を身に付けると同時に，その内容を正確に理解し，しかる後に頭に定着させることである（そこには，基本的事項の「記憶」も含まれる）。この第１段階は，本を読む力（これは汎用性をもつ）を身に付けることと，読んで理解した事柄の基本部分を頭に入れることの２つを含む（この第１段階は，主として学部時代，または法科大学院の未修クラスで達成すべきことであろう）。

次の**第２段階**は，以上のことを前提とした上で，教科書・体系書に書かれていることを事例（ケース）にあてはめる力（それを**「使える力」**）を身に付けることである。今ここで検討の対象としている刑法の事例については，**具体的な事実関係のうちのどこからどこまでが構成要件に該当する事実であるのかを正確に切り分けることができなければならない**。構成要件に該当する行為とは処罰の対象（同時に処罰の根拠）にほかならないから，私はこのことを**「処罰対象**

のつかみ出し」と呼ぶ（この第２段階が，法科大学院の既修コースにおける法律学教育の中心部分とならなければならない）。

　これに続く第３段階は，以上の２つの段階の学修を前提として，民法や刑法といった法律（これら法律関係の内容を定める法のことを実体法という）を現実の事件に適用するために必要となる事実の証明と認定の方法と能力を身に付けることである。刑法についていえば，構成要件にあてはめられる事実（したがって，証拠による証明の対象となる事実〔要証事実〕）がいかなる証拠に基づいてどのように認定されるかを学ばなければならない（これを本格的に学ぶのは，司法研修所においてである）。

　法律学の事例問題に取り組み，その解答の仕方を学ぼうとする者は，自分が第１段階の学修を踏まえ，また後続する第３段階につながるべき勉強をしているという大局的な位置付けを常に意識する必要があろう。

■ 解答例

　この事例において，甲は，Ａを自殺させるため，暴行，脅迫を交え，漁港の岸壁上から乗車した自動車ごと海中に自ら飛び込むよう執拗に命令し，その通り実行させたが，Ａは死ぬことをまぬがれている。この甲の行為が殺人未遂罪（刑法203条, 199条）を構成するか，それとも単に自殺教唆未遂罪（同法203条，202条）ないしは強要罪（同法223条１項）が成立するにとどまるのかが問題となる。

　行為が殺人罪の実行行為と認められるためには，(イ)その行為が人の死亡結果を発生させる一定程度の現実的危険性を有することと，(ロ)その行為と結果との間に，他人（行為者以外の人）の新たな意思行為の介在という事情がないこと（正犯性を有すること）という２つの要件が必要である。

　甲の行為について，まず上記(イ)の点を見ると，真冬の真夜中，自動車ごと岸壁から水温５度の海中に転落させる行為は，Ａの生命を失わせる現実的危険性をもつ行為であることは明らかであり，その行為は単に強要罪にあたる行為にとどまるものではなく，殺人罪の実行行為性を有する。

　また，上記(ロ)の点を見ると，甲のＡへの働きかけが意思を制圧しその自発的な意思決定を排除する程度のものであったかが問われ，それが肯定されれば，甲は殺人罪の間接正犯となる。この事案では，飛び込みの実行にあたりＡのある程度の自発的意思が働いていたとしても，甲はＡをして命令に応じ

て車ごと海中に飛び込むというおよそ不合理な行為以外の行為を選択することができない精神状態に陥らせていたのであった。したがって，甲は自己の犯罪目的の実現のために背後からＡの行為を支配していたものであり，殺人の正犯としての実行行為性を肯定することができる。甲の行為は，Ａに自発的な自殺意思を生じさせてこれを実行させた自殺教唆未遂の行為にとどまるものではなく，甲は他人の意思を制圧して構成要件該当事実を実現させようとしたものであり，殺人未遂罪の間接正犯である。

　なお，甲は，Ａが自殺するつもりで海に飛び込んだものと誤信していたようであるが，そのことは殺人未遂罪の故意を阻却するものではない。いいかえれば，甲がＡに自殺意思があると誤信していたのであるから自殺教唆の行為にすぎなかった（同法 38 条 2 項を参照）ということにはならない。甲はＡの意思を制圧し，死亡の現実的危険性の高い行為を強いたという事実自体については正しく認識していたのであり，殺人罪の故意を認めるためにはそれで十分である。

　以上のことから，甲は，間接正犯の形態で殺人未遂罪にあたる事実を実現したものであり，その錯誤は故意を阻却しない。甲には殺人未遂罪が成立する。

　解答例の第 1 段落目においては，本問において処罰の対象となりうる行為が提示され，何が論じられるべきかのテーマが明らかにされている。
　第 2 段落目においては，殺人の実行行為性を肯定するために必要な 2 つの要素が明らかにされている。これは，**法的問題の解決にあたっての判断基準となる法的ルール（規範的命題）**という意味での「規範」(PART Ⅰ 2 3 COLUMN ❷「言語的存在としての法」，PART Ⅲ 3「組立てを考えて書く」3「規範の発見」) を明らかにするものである。第 3 段落目および第 4 段落目は，第 2 段落目において明らかにされた，殺人罪の実行行為性を肯定するための「規範」に含まれる(イ)危険性の要素，そして(ロ)正犯性の要素という順序で，「あてはめ」の可否を検討し，これをいずれも肯定している。第 5 段落目は，客観的に殺人未遂罪にあたる事実があるとしても，行為者の甲において錯誤があることにより，刑法 38 条 2 項が適用され，軽い刑罰法規（ここでは自殺教唆未遂罪）の適用に至るのではないかという点について検討し，これを否定している。
　最後の第 6 段落目は，検討の結論を示す部分であり，全体を簡潔にまとめるものである。

本問における論点は大きく3つあり，それは行為の危険性，行為の正犯性，錯誤による故意阻却の有無である。これら3つの論点が正確に捉えられ，それに関して明快な論証と結論が示されているかどうかが答案のポイントということになろう。

　ちなみに，このケースのような「保険金殺人」の事案では，犯人は保険金を得ようとしたのであるから，単なる殺人罪ではなく，強盗殺人罪（刑法240条後段）になる（このケースでは，強盗殺人未遂罪になる）のではないかと考えた人がいるかもしれない。しかし，いわゆる保険金殺人のケースにおける犯人は，暴行，脅迫を加える被害者から財産を奪うのではなく，第三者（保険会社）からこれを得ようとしているのである。そこで，強盗にはならず，被害者との関係で通常の殺人罪（同法199条），保険会社との関係で詐欺罪（同法246条）が成立するものと考えられている。

さらに，もう一歩先へ

　事例問題 ① とその解答例を読んで「難しい」と感じた読者も多いと思う。先に述べたように，事例問題の解決は，法律学を学ぶ過程における第2段階において本格的に訓練されるべきことであり，第1段階目の学修を踏まえ，そこで学ぶべきことを再確認しつつ行われる，より高度な作業である。読者の皆さんが，もし本格的な刑法総論や刑法各論の教科書をまだ読み通したことがないとすれば，ここに述べたことがピンとこなくてもそれは当然であろう。法律学の勉強がもう少し進んでから，もう一度読み直していただければ幸いである。

　ただ，読者の皆さんの中には，法学部の3年生か4年生，または法科大学院の既修クラスの1年生で，すでに刑法の基本的な学修をひととおりすませた人もいるであろう。そういう人たちのために，ここで，さらにもう一歩，踏み込んだ説明をしておきたい（もちろん，ここまで頑張って付いてきた初学者の皆さんが，もう少しガマンしてくれて最後まで読み通して下さるとすれば，これほどうれしいことはない）。

　本書においてもすでに述べたように，法律家の仕事とは，法の適用を通じて事件（紛争）を解決することであり，法の適用とは，認定された事実に，法の解釈により具体化・明確化された法の規範をあてはめることである（

3「正確性，平易性，論理性」)。事例問題の解決を文章で示すことは，そのための訓練であり，その中心となるのは，事実関係の中から抽出された事実（認定事実）に，解釈を介して具体化・明確化された法規範をあてはめることである。以下では，ここにいう法の解釈と規範のあてはめという作業，そしてそれらの相互関係について，その厳密なところを明らかにするよう努めることとしたい。

図　法適用のプロセス

◀ 概念の定義を媒介とする「あてはめ」 ▶

　法規範を事実にあてはめようとするとき，法規範に含まれる概念を定義し，この定義により明らかにされた概念の構成要素に対応する事実があるかどうかを事実関係の中に探す，というのが1つの方法であろう（現に，前掲の事例問題 2 〜 4 においても，住居侵入罪における「住居」および「侵入」という概念の具体的解明が求められていた）。そこでは，法規範に含まれる概念（以下では，これを法概念と呼ぶことにする）は，定義できるものであり，必ず充足されなければならない構成要素に分解可能である，とする考え方が前提とされている。

　ここでは，比較的簡単な例を挙げることとする。六法を開いて刑法典の規定を見ると，そこには「建造物」という法概念が数箇所に登場する。たとえば，建造物放火罪（108条・109条），建造物侵入罪（130条），建造物損壊罪（260条）等である。この場合の建造物は，「屋根があって壁または柱により支持されて

土地に定着し，かつその内部に人が出入りすることが予定されたもの」というように定義される。そこで，①屋根がないもの（雨をしのげず，その中に人が継続的に滞在することが予定されていないもの）とか，②土地に定着していないもの（たとえば，キャンピングカー）とか，③人が中に入れないものないし入ることが予定されていないもの（たとえば，犬小屋）とかは，建造物という法概念の構成要素を充足せず，これにはあたらないということになる。それらに向けられた行為に対して上記の各刑罰法規を適用することはできない。

COLUMN ⓮ 原爆ドームは「建造物」か？

　原爆ドーム（旧広島県産業奨励館跡）は，周囲に鉄柵を設けて一般人の立入りを禁止しているが，その中に許可なく立ち入った行為が建造物侵入罪（刑法130条）に該当するかどうかが問題とされたことがある。裁判所は，次のような判断を示し，同罪は成立しないとした（広島地判昭和51・12・1刑月8巻11=12号517頁）。「刑法130条所定の『建造物』とは……一般に『屋蓋を有し，牆壁（しょうへき）または柱材によって支持されて土地に定着し，少なくとも人の起居出入りに適する構造を有する工作物』と解されており，当裁判所も基本的にはこれと同一の見解に立つ……〔が，本罪の保護法益に照らすと〕本条の『建造物』としては，構造的にみて少なくとも雨露をしのぎ外部と区画された内的空間を有し人の内部的平穏を設定できるものであること，そして，当該工作物がその効用，使用目的等に照らし人の起居出入りを本来的に予定しているものであることが必要であり，右の要件を欠くものについては……その『建造物』性は消極的に解さざるを得ない……本件『原爆ドーム』の『建造物』性について検討してみるに，最も構造的に整っている元倉庫部分においてさえ，牆壁や内部の状態からみて外界から区画されて内部的平穏を設定しうるだけの体裁を有するものとはいいがたいうえ，最も重要な部分と目される中央円筒型部分を始めその他の部分に至っては，屋蓋が全くないかあるいはなきに等しく雨露をしのぐに足りる効用すら有していないことは明白であり，これら一体となる右『原爆ドーム』の全般的構造は，一言にして廃墟の感を免れず，到底人の起居出入りに適するものとは言い難く，また，その存在意義や管理方法などの点も併せて考察すれば，それが人の起居出入りを本来的に予定していないことも明らかであり，結局，本件『原爆ドーム』は刑法130条にいう『建造物』には該当しないと断ぜざるを得ない」。

法概念を——その定義を介して——法概念の構成要素へと分解することは法の解釈にほかならない。そして，事実関係の中に，定義の結果として明らかにされた法概念の構成要素に対応する各事実の存否を確認し，そのすべてが肯定されるかどうかを判断することが「あてはめ」の判断ということになる。ここでは，あてはめの判断は，法の解釈とはかなり明確に区別できることになる。

評価的判断を要求する概念

　上では，あてはめの実例として，「建造物」という法概念を取り上げた。それは比較的単純なケースといえようが，COLUMN ⓮の「原爆ドーム」の場合に明らかなように，そこで必要とされる判断は，決して機械的・形式的なものにとどまるとはいえない。法概念の定義においては，当該法規の目的ないし存在理由（刑法の場合には，その刑罰法規の保護法益）と整合的で（目的論的解釈〔⇨COLUMN ⓭「法（法規）の解釈とその基準について」〕），同時に問題となっている具体的事例の特性を踏まえた定義が求められるし，また，生の事実の中から法的に重要な事実を抽出するにあたっても，法概念の構成要素を正確に把握した上でこれを行わなければならない（⇨PART Ⅰ 5 5「事実関係の把握と法の解釈の相互関係」）。

　ただ，法概念として評価的要素を含む概念が用いられているときには，判断は格段に難しくなり，「あてはめ」にあたっては，より進んだ法的思考が求められることになる。そこでは，法の解釈（法概念の具体化・明確化）とあてはめの判断とは，もはや截然と区別できず，密接不可分ないし渾然一体となるといえよう。ここでも，1つだけ例を挙げよう。刑法は，いくつかの犯罪で行為が「公然と」行われることを要件としている。たとえば，公然わいせつ罪（174条），わいせつ物公然陳列罪（175条1項），名誉毀損罪・侮辱罪（230条・231条）等があり，その意義は基本的に同一であるとされている。家族の者2，3人に向けてとか，仲の良い友人たち4，5人が集まった場所でとかいうのではあれば，それは公然ではないが，それ以外の場合に，はたしていつ公然といいうるのかは相当に難しい問題である。

　ここでは，名誉毀損罪（刑法230条1項）を例にとって，この点につき考えてみよう。同罪は，公然と人の社会的評価を低下させるに足りる具体的事実を摘示することにより成立する。ここにいう公然の意義は，他の犯罪のそれと同一

であり、「不特定または多数の人が認識しうる状態」のことをいうとされている（誰かが現に認識している必要はなく、認識可能な状態があれば足りる）。したがって、被害者の名誉を毀損する（すなわち、被害者の社会的評価を落とすのに適した）具体的事実が伝えられた、その相手方が特定かつ少数の人の場合であれば、それは公然とはいいえないことになる。問題となるのは、事実の摘示の直接の相手方が特定かつ少数の人であっても、後にそこから伝播して最終的に不特定または多数の人が知りうる可能性がある場合である。そうした伝播の可能性が具体的に存在する状況であれば、その発言自体が「不特定または多数の人が認識しうる状態」で行われたとすることも可能である（すなわち、公然性の定義に含ませることができる）。こうした考え方は、判例の認めるところである（最判昭和34・5・7刑集13巻5号641頁など）。

　2018（平成30）年司法試験論文式試験の刑事系科目第1問の〔設問1〕のポイントは、名誉毀損罪における公然性の理解であった。次の事例における乙の名誉毀損行為が公然性の要件をあてはめうる状況において行われたかどうか、また、そのことを判断するときに重要な事実は何かという点に注目しつつ、事例をよく読んでいただきたい。

■ 事例問題 5

1　甲（男性、17歳）は、私立A高校（以下「A高校」という）に通う高校2年生であり、A高校のPTA会長を務める父乙（40歳）と2人で暮らしていた。

2　7月某日、甲は、他校の生徒と殴り合いのけんかをして帰宅した際、乙から、顔が腫れている理由を尋ねられ、他校の生徒とけんかをしたことを隠そうと思い、とっさに乙に対し、「数学の丙先生から、試験のときにカンニングを疑われた。カンニングなんかしていないと説明したのに、丙先生から顔を殴られた」とうその話をしたところ、乙は、その話を信じた。

　乙は、かねてから丙に対する個人的な恨みを抱いていたことから、この機会に恨みを晴らそうと思い、丙が甲に暴力を振るったことをA高校のPTA役員会で問題にし、そのことを多くの人に広めようと考えた。そこで、乙は、PTA役員会を招集した上、同役員会において、「2年生の数学を担当する教員がうちの子の顔を殴った。徹底的に調査すべきである」と発言した。なお、同役員会の出席者は、乙を含む保護者4名とA高校の校長であり、また、A高校2年生の数学を担当する教員は、丙だけであった。

3 前記PTA役員会での乙の発言を受けて，A高校の校長が丙やその他の教員に対する聞き取り調査を行った結果，A高校の教員25名全員に丙が甲に暴力を振るったとの話が広まった。丙は，同校長に対し，甲に暴力を振るったことを否定したが，当分の間，授業を行うことや甲および乙と接触することを禁止された。
[設問] この事例における乙の罪責について，論じなさい（業務妨害罪および特別法違反の点は除く）。なお，乙には，公益を図る目的はなかったものとする。

　このケースにおける乙は，PTA役員会の席上，具体的事実を指摘して丙の名誉を毀損する発言を行った。役員会の出席者は，乙以外には保護者3名とA高校の校長（合計4名）であり，事実を伝えた直接の相手方は特定かつ少数の人であったといえよう。ただ，乙は，丙の不祥事を多くの人に広めようというねらいの下に，事実関係の徹底した調査を求めており，それが行われる結果として不特定または多数の人に伝播することが最初から予定されていた（そして，現に丙の勤務先のA高校の教員25名全員という多数人に伝播もしている）。そこで，乙は，公然性の定義にいう「不特定または多数の人が認識しうる状態」で事実の摘示を含む名誉毀損行為を行ったとすることができる。このように，本問において名誉毀損罪の成立を肯定するためには，とりわけ，乙の発言の時点において伝播の具体的可能性があったことを事実に基づいて指摘することにより，公然性の概念をそこにあてはめうることを論証することが求められる。一応の解答例を示すとすれば，次のようになるであろう。

■ 解答例

1　この事例において，A高校PTA会長の乙は，丙が甲に暴力を振るったことを多くの人に広めようと考え，PTA役員会を招集した上，そこで「2年生の数学を担当する教員がうちの子の顔を殴った。徹底的に調査すべきである。」と発言した。この乙の行為について，名誉毀損罪（刑法230条1項）が成立するかどうかが問題となる。同罪は，公然と一定の具体的事実を摘示することにより，他人の社会的評価という意味での名誉（外部的名誉）を低下させうる行為を行うことで成立する。乙は，丙につき，生徒への暴行という，犯罪を構成しうる非行であり，学校教育法が禁止する体罰にあたる行為を行ったという事実を指摘したものであり，それは丙の社会的評価を低下させうる行為である。乙は，事実の摘示にあたり丙の名前を挙げて

はいないものの，2年生の数学担当教員は丙だけであったことから，摘示における被害者の特定性の要件にも欠けるところがない。なお，丙について当分の間，授業を行うこと等が禁止されるという名誉侵害の結果が生じているが，本罪は抽象的危険犯であるから，侵害結果の発生そのものは犯罪成立の要件ではない。

2　事実の摘示は「公然」と行われなければならない（同法230条1項）。ここにいう公然とは，不特定または多数の人が知ることのできる状態のことであるが，判例は，事実の摘示の直接の相手方が特定かつ少数の人であっても，ひいては不特定または多数の人に伝播する可能性があったときには，公然性が認められるとする。摘示の結果，不特定または多数の人に伝播する具体的可能性のある状況があったとき，それは不特定または多数の人が知ることのできる状態で事実の指摘を行ったことにほかならず，それは公然性の要件を充たすから，判例のとる伝播性の理論は妥当である。本件のケースでも，摘示の直接の相手方は特定かつ少数の人（行為者以外4人）であるが，そこには校長が含まれ，乙は丙に対する個人的恨みから発言の内容が多くの人に広まることをねらいとして事実関係の徹底した調査を求めており，それが行われる結果として不特定または多数の人に伝播することが最初から予定されているとともに，現に（A高校の教員25名全員という）多数人に伝播してもいる。そのことは，事実の摘示の時点において，不特定または多数の人が知ることのできる状況があったことを意味するのであり，このような場合にも公然性を肯定することができる。なお，乙は，自ら事実関係の徹底的な調査を求めており，摘示した事実が不特定または多数の人に伝播しうる状況であることについての故意も認められる。

3　乙が摘示した内容は，生徒への暴行という犯罪を構成しうる非行であるから，刑法230条の2第2項が適用されうるが，乙には「公益を図る目的」がなかったので，同条1項による真実性の証明はそもそも認められない。事実の証明が許されない事案であるから，真実性の誤信による故意阻却もまた問題とならない。

4　以上のことから，この事例における乙の行為については，名誉毀損罪が成立し，乙はその罪責を負う。

総合判断が要求される場合

ここまでは，刑罰法規の適用を，法概念を定義し，それを構成要素に分解

し，事実関係の中からそれぞれの要素にあたる事実を抽出して，そこに概念をあてはめる判断として説明してきた。しかしながら，法概念の定義とその構成要素の事実へのあてはめということでは必ずしも説明できない場合が（思いのほか多く）存在する。たとえば，刑法総論の重要な論点となっている法的因果関係（「危険の現実化」を肯定しうるかどうか），不真正不作為犯における保証者的地位（刑法上の作為義務を負うべき地位にあるか），正当防衛状況（相手方の違法な攻撃があるにもかかわらずそこに至る経緯に照らして正当防衛状況が否定される場合とはいかなる場合か），正犯と共犯の区別（たとえば，共同正犯と幇助犯とをどのように区別するか）等である。これらの場合には，その概念（たとえば，危険の現実化，保証者的地位，正当防衛状況，正犯等）を単純に構成要素に分解することはできず，それにあたるかどうかの判断にあたって考慮すべき視点ないしファクターがいくつか存在し，それらを総合的に判断してはじめて，その概念をあてはめることができるかどうかが判定できる。それらの考慮すべき視点ないしファクターは，いずれの事例でも常に充足されなければならない構成要素ではなく，ある事例では一定の要素が前面に出るが，別の事例ではその要素は背景に退き，異なった要素が前面に出るという関係が見られる（ドイツの法律学では，要素に分解可能な概念と，総合判断の必要な類型とを区別する見解が有力である）。

ここでは，一例として，共同正犯（刑法60条）と幇助犯（同法62条）の区別の問題を取り上げよう。現行刑法は，犯罪に関わった者を正犯と共犯とに区別して処罰することとしている。正犯とは，実現した犯罪を第一次的に帰せられる主犯者であり（その中に，共同の主犯者としての共同正犯がある），共犯（たとえば，幇助犯）は，他人の行う犯罪に協力した「脇役」である。これらの法概念は，これを構成要素に分解して事実にあてはめることのできる性質のものではない。判例実務は，複数人でともに犯罪実現に主体的に関わった者は（自ら犯罪行為を実行しなくても）共同正犯にあたるとし，利益享受の欲求・動機の強さ等の主観面の事情，犯罪遂行過程における被告人の役割の大きさという客観面の事情，これらを総合的に考慮して，「自分の（ための）犯罪」をともに実現したといえるとき，共同正犯に振り分けている。「他人の犯罪」に力を貸したにすぎないときは幇助犯にすぎない（刑はより軽い〔刑法63条を参照〕）。共同正犯と幇助犯の振り分けについて，次のような最高裁判例のケースについて見てみよう。

エピローグ

事 例

　甲は，Aから大麻密輸入の計画を持ちかけられ，密輸入を自ら行う実行担当者になって欲しいと頼まれた。甲は，これを断ったが，大麻を入手したい欲求にかられ，代わりの人物を紹介するなど協力することを約束した。甲は，知人のBを実行役としてAに引き合わせた。さらに，Aに対し，密輸が成功した折には大麻の一部をもらい受ける約束をして，大麻密輸入の資金の一部（20万円）を提供した。Aは，その知人のCおよびBと協議の上，Cを現地における買付け役，Bを運び屋としてタイに派遣した。BとCは，タイ国内で購入した大麻1,414グラムを空路で輸入しようとしたが，税関検査で発覚し，逮捕された（最決昭和57・7・16刑集36巻6号695頁）。

　ここでは，甲が，大麻密輸入罪（大麻取締法）および無許可輸入未遂罪（関税法）についての共同正犯か，それとも幇助犯か，いずれの罪責を負うかが問題となる。たしかに，甲は，自ら輸入にあたる行為の一部を実際に分担したわけではない。その意味では共同の主犯者とはいいにくい。しかし，他方で，大麻を入手したいという欲求・動機の強さという主観面に関わる事情があり，犯罪遂行過程における被告人の重要な役割（すなわち，実行行為者の紹介や資金の提供等）という客観面に関わる事情があり，これらを総合して検討したとき，共謀者の一員として犯罪の共謀に加わりその犯罪を「自分の犯罪」としてともに実現した者に振り分けることには相当の理由があるというべきであろう。最高裁は，甲を共同正犯とした原審裁判所の判断を正当としたのであった。

総合判断の方法を学ぶ

　以上のように見てくると，法の適用のプロセスは，法概念の定義と，定義により明らかにされたその構成要素の事実へのあてはめという比較的単純な判断により行われる場合もあれば，いくつかの視点を総合的に考慮し，多様な事実の中から重要な事実を選び出しつつ，その概念への「振り分け」の判断を行わなければならない場合もあることが理解されよう（それらは，成文法規範および法概念から出発する大陸法的思考〔演繹的思考〕と，ケースとその相互比較から出発する英米法的思考〔帰納的思考〕との相違にある程度まで対応している）。概念の定義さえできれば何とか解決できるというのであれば，ひたすら概念の定義を覚え

込むという，記憶に頼った学習でも対応可能かもしれない。これに対し，複数の視点を総合的に考慮することは，より高度な法的思考を要求するものであり，法科大学院での時間をかけた学修を通じて，ようやくその手法を身に付けることができる。そのためには，判例・裁判例に現れた数多くの事例に接して，プロの法律家が，その概念をどのような視点を考慮しつつ，いかなる事例にあてはめたのかをトレースし，これを追体験することを通じて，頭の中に同様の思考のパターンを作り上げなければならない。それは，しばしば法学教育の到達目標として掲げられる「法律家のように考える（think like a lawyer）」ことができるようになることを意味する。そして，「法律家のように考える」ことができるようになってはじめて，「法律家のように書く」ことができるようにもなるのである。

afterword
● おわりに ●

　本書は，法を学ぶ人が，少しでも《平易な言葉で》，しかし《緻密に考えて》法律を語れるようにとの願いをこめて執筆されました。皆さんは，本書に触れて，これまでより文章が良く書けるようになりそうだという実感をもてたでしょうか。

　現代社会において，法律は，より人々に近く，またより緻密にという方向にあるように感じられます。

　10年以上前に，筆者が，発足したライティング・センターの機能を説明するために法学研究科を訪れたときの衝撃を忘れることができません。ライティング・センターではそれぞれの書き手の状況に合わせて文章をわかりやすくする方法をチューターがアドバイスしますと説明したところ，法律の専門家であるその教授は，法を学ぶ人にとってわかりやすい文章を書くという支援は害になるので院生にはできるだけライティング・センターを利用しないでもらいたいと述べられたのです。法律あるいは法律を語る言葉は，日常の用語から乖離していればいるほど誤解が生まれにくいのだから，わかりにくさが重要なのですとのことでした。なるほどと思いましたが，あれから10年。日本では，市民が刑事事件について専門家とともに裁判体を構成して判決を下す制度ができました。法律を語る文章はわかりにくさが重要とは言っていられない社会に変容しつつあります。

　日常生活のさまざまな局面で同意書への記入を求められるようになったことも，昨今の法律事情を反映しているように感じられます。「□同意する」にチェックを入れないと，何事も次に進むことができません。そして同意書の中身をよく読むと，こんな点についてまで定めが設けられているのかと驚かされるものです。法の内容は，より細分化され，より緻密なものとなりつつあります。

　こうした社会にあって，法を学ぶ人が，より《平易な言葉で》，《緻密に考えて》文章を書くすべを身に付けることには，大きな意義があると思います。そ

の意味で，刑法の専門家，民法の専門家，文章指導の専門家という3者によるチームワークで本書が誕生したことは象徴的でもあり，嬉しい出来事です。法を学ぶ皆さんにとっては，本書は新しい種類のエールを送るものとなるでしょう。これからの日本社会を担っていく皆さんが，《平易な言葉で》，《緻密に考えて》法律を語り活躍してほしいと，私たち3人は心から願っています。

　最後に，本書の企画・進行・調整のすべてを担当してくださった辻南々子氏と第2版を担当してくださった島袋愛未氏に，厚く御礼申し上げます。お二人の，辛抱強く細やかなサポートにより本書を完成させ，また第2版を出すことができました。本書では，私たち3人がこれまで行ってきた授業の際に，履修者の皆さんが実際に書いた文章を（それぞれにかなりの修正を加えつつも）文例として利用させてもらった箇所があります。ご協力下さった学生の皆さんには心から感謝申し上げます。

　　2019年11月

著者を代表して
佐渡島 紗織

index
● 索　引 ●

A〜Z

Bob Dylan　　11
Edward Sapir　　65
H. L. A. Hart　　40
James Kinneavy　　67
Ludwig Wittgenstein　　66
Martin Heidegger　　9
Max Weber　　9
Samuel I. Hayakawa　　91

あ行

アイディアを掘り起こす　　61
アウトライン　　120
碧海純一　　9
あてはめ　　201, 203
「あれ」　　93
一義　　69
一行問題　　48
一文　　69, 140
一文一義　　69
一文一段落　　108
一般化可能性　　45
一般条項　　53
意味の種類（語のカテゴリー）　　89
入れ子式の構造　　113
因果関係　　26
因果的説明　　27
引用部分　　75
ウィトゲンシュタイン　　66
宇佐美寛　　69
英米法　　208
鉛筆を止めずに　　59
多くの物事を包括　　91
「及び（および）」　　143

か行

改行　　54, 110, 156, 160, 164, 183
解釈　　151, 152
解釈論　　39
概念　　201, 207
　──の一貫性　　92
　──のすり替え　　92
係り受け　　78
書かれ方に対する気づき　　62
書き切る　　58
書くスピード　　60
学説　　43, 45, 151
拡張解釈　　29
数え上げ　　114
価値　　23
価値判断　　23, 36, 37
括弧書　　141
紙とペンで書く　　58
キーワード　　123
記号　　66
技術的概念　　17, 25
基礎体力　　58
木田元　　8
規範　　15, 20, 52, 111, 150-154, 163, 199
規範的命題　　15, 36, 37, 199
疑問止め　　180
疑問文　　103
逆接　　70, 174, 175, 180, 185
強調　　186
具体　　107
具体的データ　　101
具体的な語　　95
句点　　136, 137, 141
計画　　119
刑事事件　　13
刑法　　14, 16

213

結構　148
結論　116
　——の具体的妥当性　40, 45
ケニービー　67
「けれども」　82
言語論的転回　65
高等裁判所　42
公用文　146
誤解　72
語（語句）　87-98, 138
　事柄を描写する——　89
　法への適用を検討する——　89
誤字　187
こそあど言葉　93
「こと」　94
言葉と思考の関係　65
言葉の使い方を鍛える　66
小分け　146
「これ」　93
根拠　99, 101
混在　72

さ 行

最高裁判所　38, 41
裁判　148, 154
裁判所　41, 38
裁判例　41
裁量点　166
殺人罪　14
サピア　65
「さらに」　81
三段論法　21
「しかし」　82
「しかも」　82
時間　122
時間配分　121
試験問題　68, 138, 148, 153
思考を鍛える　66
指示代名詞（指示語）　93, 183
事実　23, 152
事実関係　20, 23, 28, 52
事実認定　20, 21, 201

事実問題　22, 52
字数　86
視線の往復　52
「したがって」　83
修飾
　長い——部分　74
縮小解釈　29
主語　70, 184-187
　——の省略　72
　——の明示　73
主述のねじれ　73
主体の混在　72
主張　99
主張文　101
述語　70, 84, 186, 187
出題者の意図　123
順接　174
準用　71
小前提　21
譲歩　175
序論　116
事例問題　47
真理　30
スタイル　119, 121
「すなわち」　82
正確性　19
整理された論考　108
接続表現（接続詞）　68, 70, 80-85,
　156, 172, 175, 177, 181-183
総合判断　206
「そして」　81
「それ」　93

た 行

大審院　42
大前提　21
大陸法　208
「だが」　82
「だから」　83
多義的　10
「ただし」　83
ただし書　70, 145

索引

「例えば」　82
端的に書く　86
段　落　98-112, 154-164, 83
抽　象
　　──⇔具体　107
　　──のハシゴ　91
抽象度　91
　　言葉の──　105
「ついて」→「について」
「次の」　76
「つまり」　82
定　義　31, 158
テキスト　67
「てにをは」　79
点　検　122
問　い　109
　　──と答え（設題と解答）　112
「というのは」　81
「等」　146
答　案　58
答案構成用紙　120
統括文　103
読　点　79, 136, 137, 141
トピック・センテンス　101
「どれ」　93

な 行

内容を3回繰り返す〔序論・本論・結論〕　117
「なお」　83
長尾龍一　40
「なぜなら」　81
「に」　97
日常使われる語　88
「について」　80, 97
日本語　180
「の」　96
野矢茂樹　81

は 行

「は」　80, 97
ハート　40

ハイデガー　9
パラグラフ　100
パラグラフ・ライティング　100
パワー・ライティング　105
判決書　38
番号を振る　121
反対解釈　29
汎用性　47, 192
判　例　42, 44, 151, 168-170
　　確立した──　42
筆記試験　47, 137
評　価　23, 37
復　習　116
附　番　110, 164
　　──のレベル　115
不明確　10
フリー・ライティング　58
ブレーン・ストーミング法　59
文
　　──と──の関係　81
　　──を単位として修正　77
文　章
　　──作成過程　119
　　──全体　112
　　──の正確性　19
　　──の平易性　24
　　──の論理性　24
文　末　83
文　理　151
文理解釈　29
平易性　24
ペンを片手に読む　62
法　13, 15, 41, 89
　　──（法規）の解釈　21, 24, 27-29, 52, 200, 203
　　──の適用　20, 200
法概念　201
法科大学院　173, 177, 189
法　規　16
法規範　15, 20, 24, 28
法　条　150
法制執務　68, 143, 145, 188
法曹養成制度改革　173

215

法的価値判断　37
法的評価　23, 27, 36, 37
法的文章　12
法的問題　13
法的ルール　15, 39, 199
法的論証　30, 40, 42, 45
法　文　68, 111, 150, 151
法　律　16
法律相談　148
法律問題　22, 52
法律用語　187
法　令　16, 150, 168
傍　論　43
ボブ・ディラン　11
本　論　116
　──部分の要点　117

ま 行

「また」　81
マックス・ウェーバー　9
見出し　110
見直し　119
民事事件　13
「むしろ」　81
明　確　10
名　詞　188
命　題　69
メタ的　97
目的論的解釈　29, 203
「もの」　95
文　言　31
問題を発見する　146

や 行

要証事実　198
「要するに」　83
予　告　109, 116
読み手
　──が評価　61
　──に負担　77
　──の目線　62

ら行・わ行

ライティング・センター　122
立法論　39, 45, 68
理由付け　28, 30
類　型　207
類推解釈　29
「例を挙げると」　82
歴史的解釈　29
列　挙　146
レポート　148, 150, 173, 174
論　拠　30, 40, 42, 45
論証パターン　192, 193
論じる順序　120
論　点　12, 48-51, 200
　──の抽出　49, 193
　──の比重　49
論点主義　51
論理性　24
論理的・体系的解釈　29
論理法則　33
「を」　97

法を学ぶ人のための文章作法〔第 2 版〕
Writing Strategies for Those Studying Law, 2nd ed.

2016 年 12 月 15 日　初　版第 1 刷発行
2019 年 12 月 20 日　第 2 版第 1 刷発行
2023 年 10 月 10 日　第 2 版第 5 刷発行

著　者　　井　田　　　　良
　　　　　佐 渡 島　紗　織
　　　　　山　野　目　章　夫

発行者　　江　草　貞　治

発行所　　株式会社　有　斐　閣
　　　　　郵便番号 101-0051
　　　　　東京都千代田区神田神保町 2-17
　　　　　https://www.yuhikaku.co.jp/

組版・田中あゆみ／印刷・株式会社理想社／製本・牧製本印刷株式会社
© 2019, M. Ida, S. Sadoshima, A. Yamanome. Printed in Japan
落丁・乱丁本はお取替えいたします。

★定価はカバーに表示してあります。

ISBN 978-4-641-12612-1

JCOPY　本書の無断複写(コピー)は、著作権法上での例外を除き、禁じられています。複写される場合は、そのつど事前に(一社)出版者著作権管理機構(電話03-5244-5088、FAX03-5244-5089、e-mail:info@jcopy.or.jp)の許諾を得てください。